U0122517

心一堂術數古籍珍本叢刊

書名：《山洋指迷》足本兩種 附《尋龍歌》（下）

系列：心一堂術數古籍珍本叢刊 堪輿類 第二輯 186

作者：【明】周景一

主編、責任編輯：陳劍聰

心一堂術數古籍珍本叢刊編校小組：陳劍聰 素聞 梁松盛 鄒偉才 虛白盧主

出版：心一堂有限公司

地址／門市：香港九龍旺角西洋菜南街五號好望角大廈一〇〇三室

電話號碼：+852-6715-0840 +852-6633-7949

網址：sunyata.cc

publish.sunyata.cc

電郵：sunyatabook@gmail.com

網上書店：http://book.sunyata.cc

網上論壇：http://bbs.sunyata.cc/

平裝：兩冊不分售

版次：二零一七年四月初版

國際書號：ISBN 978-988-8317-53-0

定價： 港幣 五百八十元正

新台幣 二千二百八十元正

版權所有 翻印必究

香港及海外發行：香港聯合書刊物流有限公司

地址：香港新界大埔汀麗路三十六號中華商務印刷大廈三樓

電話號碼：+852-2150-2100

傳真號碼：+852-2407-3062

電郵：info@suplogistics.com.hk

台灣發行：秀威資訊科技股份有限公司

地址：台灣台北市內湖區瑞光路七十六巷六十五號一樓

電話號碼：+886-2-2796-3638

傳真號碼：+886-2-2796-1377

網絡書店：www.bodbooks.com.tw

台灣讀者服務中心：國家書店

地址：台灣台北市中山區松江路二〇九號一樓

電話號碼：+886-2-2518-0207

傳真號碼：+886-2-2518-0778

網絡書店：http://www.govbooks.com.tw/

中國大陸發行・零售：心一堂書店

深圳地址：中國深圳羅湖立新路六號東門博雅負一層零零八號

電話號碼：+86-755-8222-4934

北京地址：中國北京東城區雍和宮大街四十號

心一店淘寶網：http://sunyatacc.taobao.com

乾隆丁未新鐫

周景一先生著

山洋指迷

原本

吳敬恕堂藏板

序

地理指迷原本得行於世尚少偶
從載炆明初周景一先生為妙山
吳氏卜葬為奇穴更始以指迷書
厥後吳氏人文蔚起咸任族其書
遂見重於人傳抄幾遍江浙筆
自郤迄今抄沿年遠抄錄愈繁
舛誤蓋甚與原本固不可不刊行

之姑蘇俞冕璿璜同邑吳子卿瞻

嗜青囊學子愚稿逑坊刻子愚識

其註釋以未能闡發書意因取舊

藏原本疏註為枕中秘惟是俞吳

二子向皆作客遠方天南地北萍合

四明討論數載註成全集而先生傳

書四百餘年今始游人豈有數存

非偶然也宜善為同志者慫恿付梓

乞於世因間序於予讀之瞭晰暢

達与大概流傳者獨優而埽語較简

吶扼要忘與他本不同是真得先

生之心傳者予嘗著星影二書發

明在天成象在地求形之之義是篇

有无以起下山形合上天星象而謂

洗得我心二書若云備則仰觀俯

察故地與星盞崧嵌尓此原本存焉

可不亟為刊發也予喜之遂書成

而為之序

乾隆丁未春初平月山陰姚雨方之序

時年七十有七

序

由來尚矣有傳人必有傳書顧書不一如周景一

先生指迷者蓋家先生為明初堪輿大家孤踪高蹈不

以術鳴先是予季父青岩公遊于越得其書不識為誰

氏著撰鄉里荐紳家偶有藏本較之稱與且多平洋一

卷嘗問是書析理昭暢畀于巒壤諸家學地理者宜以

此為宗歲甲辰予客廣江晤山陰吳子鄉瞻論堪輿學

述周景一先生巔末喪得閱其所傳指迷原本與予舊

恹吻合因以知題額系有時向讀其書今悉其以勢寶學

者名必歸之也獨惜其書歷諸家精且確而不盛傳于
世蓋以其人不求名譽馮知音而方鑿所擊如吳子稱
述別永樂時先生與其族祖友菁居傳數十年發祥諸
堂悉由指示頻行已始以篓書贈其悃熏也若是此書
之所以不甚傳而獨為吳氏秘及吳氏簪纓世顯好事
者僅以山法數卷輾轉傳抄假名刊布增損舛訛豈知
完璧固有在一斑未足以窺全豹況更有毫厘千里之
謬哉今讀全書原本萃青囊之秘闡黃石之微言細
若機絲朗如金鑑較傳抄諸本言辭關失闕洙竟而厭

倘者不皆脊壞實爲開鑿混沌昭晰陰陽秘笈得其肯

者何至望洋與嘆迷于所視乎爰典奕子互相討論增

註成編質之同志咸以爲可夫求名師不得讀名師之

書卽得也自廬公之宇內使人揀寶鑰家奉前車山川

不能遁其形賢逹不得專其美先生之教庶與日月終

古矣因付梓人而述其大畧如此

　　時

乾隆丁未春月吳門　俞歸璞序

周景一先生者明初台郡人也善堪輿爲予先世筆裟

討齡地理指迷書四卷珍爲家藏遞傳弗失予向容四

明見目講師地理索隱即指迷也有山法而無平洋且

刪減殆半無以發明頗有以指迷爲宗主仅撰或稱元

譚仙簡書鏤板行世書同各異何以証之嘗讀蔡祖環

洲公序先生本業儒而性躭山水特青襄之秘人以地

仙稱前明永樂間遊于越與予三世伯祖裕卷公深契

唐傳有年家數葦地悉由指點蛇山眠犬爲最著正統

十四年先生辭歸爰以篋書贈此書之由來也其後予

族丁齒日繁簪纓繼起以忠孝文行武功著者代不乏

人四百餘年來予姓箕裘仰承如昔食先生之德而揚

其徽者迄今猶稱道弗衰書之傳也盖確有可証焉茲

先生潛德高風深自韜晦不著姓氏于書傳抄資人世

根莖刊行者借名毖世或圖簡略率意刪除亥豕

殊失廬山面目況少平洋一卷猶非金璧其弊

王偃譚仲簡者即非漫無所據亦可無論已孝

吳門齋歸璞先生共事甫城見予指迷原本謹其所

卷帙相同幸舊錄之猶存較傳抄亡失繇因思所

世而予亦有同心於是反覆參詳逐篇增註三易其稿

猶慮不能闡其微同人謬加稱許爰付剞劂皆所以堆

廣先生傳書垂教之意俾究心地理者識山水之性情

辨龍穴之真偽吉獲牛眠慶延麟趾作忠作孝媲媺

編傳之不朽云

闢平知先生加惠于地學無涯而人子之葬其親端賴此

時

乾隆丁未仲春山陰吳卿鯉拜撰

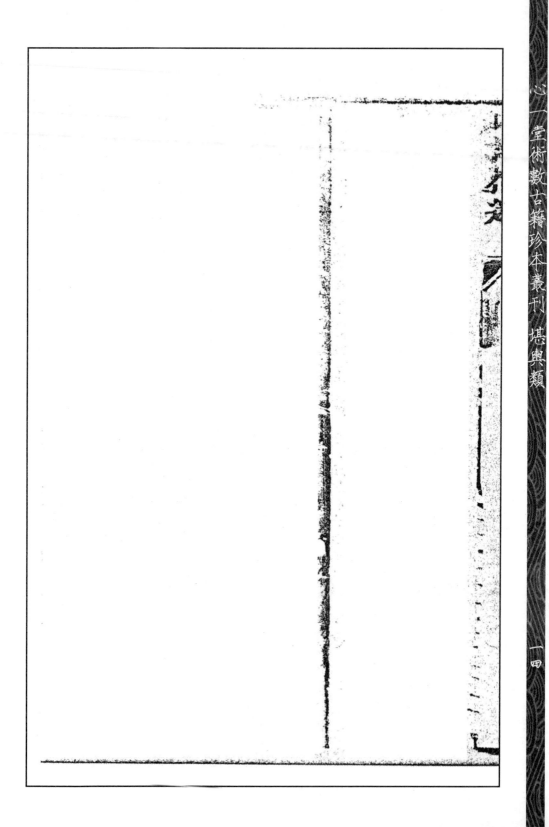

凡例

一、是書山龍萬重開面平洋萬重束氣開口佔地步則
山洋均重書兆四卷第一卷首論巒頭為本為全編
無過詳贍分數師疊疊背合割四篇繫論開面縱橫
窠粘鈎牽全聚散列篇總論地步二卷分論開面三卷
安穴地步後以門兩節步包括形勢星辰為山法諸
篇紀束饒減揉棄鋤模棲深開篇乃立穴定向之準
編所以補葬法之未備四卷常論平洋承山龍開面
說起以山洋與同篇總結全書

一是諸山法諸篇雖經坊刻尚有未全而平洋一卷更

為世所罕見標應山洋指迷者實與他本不同

一是書正文圖說悉照原本不敢增減惟大槩抄本間

有詮註雖不知何人手批然足以闡發文義者亦採

錄附入此外尚有未甚曉暢處或引前人成言或另

增註解加圖別之第四卷本無註釋並經參註更有

筆墨難讅者擴廣正文本義附以圖說復將各篇警

句密圈分清段落庶可一目瞭然

一是書娓娓數萬言如剝蕉抽齒層層推勘絲絲入扣

其妙處全在一正一反對說如何是真必言如何是

假絲毫不肯放過離字句不無重複處然縷晰條分

各有精義潛心披閱自可懿然貫通初學最易入門

高明者亦可擴充眼界開拓心胸

一是書評論山洋每篇先言龍脈次及砂水穴情分別

龍穴真偽大小瞭如指掌至山龍分歙篇云穴後宜

多不宜合穴前宜合不宜分平洋龍體穴形篇云後

以氣脈為証前以明堂緊遠為凭總括山洋龍穴矣

者可謂要言不繁

一山龍落脈全存巒頭開面結穴全在毬簷唇毡辯脈

穴真假巳備於首二兩卷若乳突窩鉗及平洋龍體

穴形諸篇先爲穴法精粹是編癥推巒理上乘

一山龍有三分三合水平洋有大分合小分合眞分合
之水山洋龍法穴法各略柏同太陽太陰少陽少陰
四象難論平洋形龍亦與山龍彷彿可以參看

一平洋來氣一路口多看脈看水繞前人原有論及是書
務明收放止蓄有眞爲近山平洋有春脈者不可
無水繞遠止蓄洋有春脈以低田低地爲堂界而無

明水去來可無大水會合及出水蓮花泊岸浮篩逆

水沙之輈將　他書無此發明

一點穴自亦難欲明點穴之法莫過此書明白暢達

亦莫過此書平洋妙論精微法無不備且以補山龍

穴法之不足辨有神地理更匪淺鮮

目錄

横面　　　　　偏面隱面

閃面　　　　　鑾藏隱面

深面淺面　　　武滴

弱面多寨　　　鑾藏

開肩之面　　　隱面

石山　　　　　山凡

獨山　　　　　高山

偶有開面　　　泛頂不開面

卷三

論開面趨其包括形勢星辰

饒減

峽

挨玉

淺深

因水駁氣

收放

分合

欽割

枝幹大小

左右

渡刹　　　　　　　　龍體穴形

脊孤水繞　　　　　　平田低田

水尖　　　　　　　　火嘴

沿海　　　　　　　　山洋與同

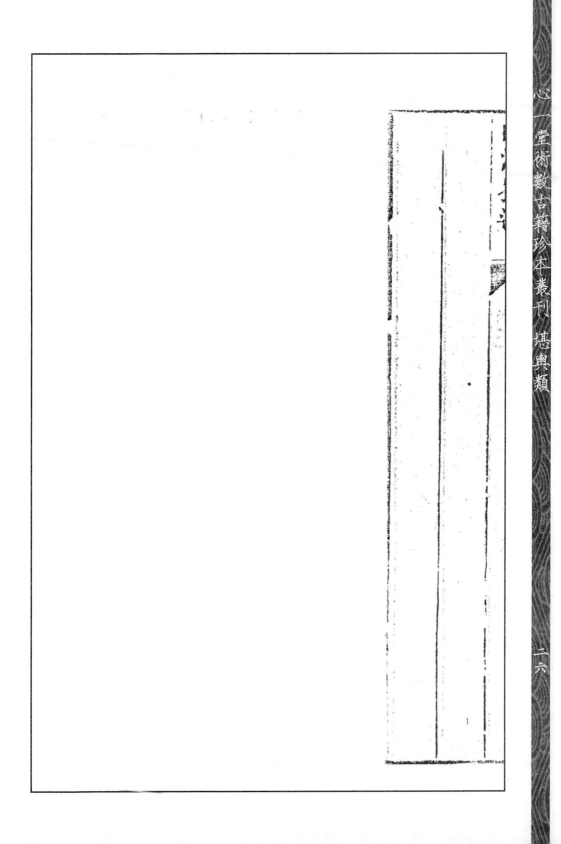

山洋指迷原本

周景一先生著

山陰姚雨方　校閱

姑蘇俞歸璞

仙陰吳卿瓚　增註

姑蘇俞法陶

仙陰吳翼年　同校

山陰吳太占

論地理以巒頭為本。

巒頭不專指星體而言凡龍穴砂水有形勢可見者皆

山洋指迷

巒頭內事也青囊經曰理寓于氣氣囿于形盖理者陰
陽五行之理氣者陰陽五行之氣形則山峙水流之形
也山之所以峙水之所以流莫非陰陽五行之氣使然
而其中有理存焉朱子所謂氣以成形而理亦賦焉者
也但氣有吉凶不以理推之則不可得而知故聖人說
卦以明理用卦以推氣凡先天後天雙山四經三合元
空穿山透地坐度分金休囚旺相氣運歲時皆坐氣内
事也適從特舉諸說各有所用恐人無所苟巒頭理氣二
者孰重曰巒頭真理氣自驗巒頭假理氣難凭故理氣

不合而巒頭真者雖有瑕疵不因理氣不合而不發富
貴理氣合而巒頭假者定不因合理氣而發福祿是巒
頭爲理氣之本也明矣學者必待巒頭精熟地之真假
大小穴之派此浮沉卓然有見于胸然後講求理氣以
乃兵氣立向控制沖納徵驗歲運之用亦不可廢如巒
頭未先學理氣雖貴陰壞陽來生去墓諸說鑿鑿可
據而吉凶休咎似與巒頭無與往往求福而致禍者舍
近速來故也故曰占山之法以勢爲難而形次之方又
次之又曰有體方言用前用則失體可不知所先務哉

開面地步

地之真假大小何以辨之先觀開面之有無便知真假之槪所觀開面之多寡大小及地步之廣狹而地之大小亦知其然何謂開面只以分歛仰覆向背割八字察之分而不欲仰而不覆向而不背合而不割者爲開面兩者之中有一反是爲不開面何謂地步只以縱橫收放偏全聚散八字察之縱長橫廣收小放大局全而聚大者地步廣縱雖長橫不廣收雖小放不大局偏而聚小者地步狹

分歛○

此篇論來龍降脈及穴山八面之分歛結分歛以諸砂証其開面爲小法（全編之主胳也）

何謂分歛曰分者分開八字也無个字不成龍無分金之不出脈○山龍落脈非个字不行落脈處要成星體方有不出脈○分金之咽○有个字則開肩開肩則有分水水分則○故凡有頂有泡處皆不可無分以爲个字分之脈清○〔音聲〕○撤○則八成金字之而也

分金之八八者分但不可三股顯然如鷄爪必有巒底矮也有平中脈如寬牽牽線者方是三一樣高起如鷄爪者爲貫頂兩邊叉須大八八之內有砂高中脈微平軟泛方是寬牽線小八八顯八之兩有隱八八故有入分小分顯分隱分之不同大分者主星頂上分開大八字謂之明肩明

肩之內又分半大半小八字。不論條數多寡均爲護帶。

護帶之內貼脈分小八字。謂之蟬翼。蟬翼乃出脈之隱砂顯

分者明肩護帶也。隱分者蟬翼也。更有隱者謂之肌理

刷開。是依稀徵茫須細心體認者。其頂下胸腹間所起

突泡或分小八字。或分隱八字。謂之金魚砂。亦爲暗翼

此半山突泡所分之。以上乃來龍降脈之分不論祖山

隱砂此蟬翼砂器短。行度處微有臨穴之際。或分蟬翼

穴山皆宜如此。有不同。砂而

成乳突穴。或分牛角砂而成窩鉗穴蟬翼牛角砂之內

均須有肌理刷開之隱分方開穴面亦有乳突無蟬翼

可見只滿而肌理刷開使穴需腦圓胖以成穴而耑此臨

穴之蟬翼牛角肌理刷開總謂之牝牡砂乃為分盡之

分亦謂分金之面曰分盡政上概輪祖山臨穴山臨穴

分疏諸砂名義者

分金之面以下謂之明肩者以其如人之兩肩如飛鳥

之兩翼又如金字之人字者是如背而古者非肩不論大

小是辰俱不可少在橫降處尤為緊要落脈必假假如

無大八字或大八字少一邊或參差不齊或一邊背我

或無稜角背面或內無隱八字或大八字之人八上自

穴令字而成龍不為我之所神者不論祖山穴山俱無

真結若外有至大之八字帳幕迎送纏護者是也。迎送
即帳幕，所謂纏護
矣之枝腳。又有兩肩之大八字三台五腦七腦九腦金
水帳者是也謂之護帶者以其形如垂帶作正覛兩邊
之護從也開腳大星然中垂一脈旁分數條縣顯者為開腳大星與橫山分
落開帳落脈者俱不可少故須護帶此三者若無護帶
為出脈無地步護帶不餯開如八字而反插入者為飲
或直生或背向裡者皆是惟外背內而先分開而尾插入者不忌護
帶無背面為關砂一邊背我為無情皆不成地中小星
辰亦均護帶有無。有則尖圓方之正體星辰常無護帶。
更妙尖圓方之正體星辰常無護帶

正體星辰開隱今字之面必護帶亦有生於明肩外者

有犯殺割開故不須護帶頂星外有砂包裹

總要外背兩面方真謂之蟬翼者少

其所分至隱如蟬翼之輕薄過峽蟬之飛焉不同故翼有

舒貼二體舒者上十貼於身至翼尾則分開兩片於旁

三股卆於可見貼者翼尾緊貼身上兩股隱然難明三

股連中間脈略蟬山頂之蟬翼舒者多而貼者少穴旁

兩股單為蟬翼若蟬翼舒者多而貼者不卆然亦分開

之蟬翼舒者少而貼者多而唯有隱分之勢開腳星辰

頂上化生腦無蟬翼與穴水貼脈透頂為貫頂斷不結地

雖有蟬翼而頂止蓋多三股如雞爪者亦為貫頂中有

水痕穿遠者爲蟹眼蟹身不成地者言之八九須看落

脈之即覆穿砂之即背以爲藥取如手臂之向者亦能砂

結地必上葢如覆鍋一般落下一段方分兩片於旁始肯

蟬身之翼葢蟬翼非頭上所生乃離頭一段而生非頭

上就分三股乃落下一段方成三股若一邊先分一邊

後分爲蟬翼與參差一邊有蟬翼一邊無者爲邊有邊無

皆不成地惟一邊無蟬翼而得脈理之分者亦能成地

但就理之分甚微與邊無不甚相遠亦須以脈之仰覆

砂之向背証之若尖圓方之正體星辰與突泡毬簷有

滿面肌理之分者不拘蟬翼有無皆可論地
肌理之水分

故曰無謂之肌理刷開者以其所分至隱如肌膚之紋
亦能分

蟬翼理又如糊箒在壁上刷作分開之勢影無顯然分開之痕

枝條須細認凡穴有頂有泡出脈結穴處皆不可少在低小

然之分以分開顯而穴面使不飽硬欲破而面平郎高

正體呈辰與節泡毯簷之無蟬翼護帶者固全頓卽此隱

大隋牌壘與節泡毯簷之有護帶蟬翼者亦莫不藉

此隱然之分以成壘面穴面若未分蟬翼之上無此字此

辯恩分言郎則裹然而刷鈍卽已分蟬翼之丙無此則不

然能母間連

山洋指迷

挺而硬在何能使脈路穴情有分金之平而形如鵝

毛䖳音平夫出之貴有分者以其能濕開粗硬之氣於

兩邊使中間脈路有脫卸而軟泛也明眉護帶蟬翼之

分但能盪開外層至粗之氣欲使中間脈路粗硬之氣

脫卸淨盡非肌理刷開之分不可故自分能以至人穴

無一節一泡之肌理可以直生則無夢抱之情斂入則無分開

勢之無牛突牛遲之肌理可以似分而分不淨其星面無

挺平而帶剛飽者必無肌痕影即是似分而分不淨謂之金

魚砂者以其如玉帶間所佩之金魚袋又如魚身之划

華翅枝降星辰鶯板星辰牛山有突泡者必不可少牛

岡龍體系論在卯山此為第三分斷不可遷無參差惟

邊長邊短股明股暗無妨明肩護幙亦然謂之牛角砂

無別之○若稜者砂身上隱有必須外背肉面而背面

者以其環抱如牛角也○窩鉗真假全在此砂弦稜之有

交界之際對望之若有稜起者如無背面而

内外交界之處對望之圓圓圈圈者為無窩稜邊窩之

格定是邊長邊短股明股暗共牛邊全無者則其無邊

之界水必穿肩入於唇内故牛角砂亦不可遷有邊無

山洋指迷〔卷〕

謂之牝牡砂者以其璚瑰蓏穴後隱約薇穴旁如牝牡

之交字也○水不○無牝牡砂鉗陽兵為屬分來在乳尖陰次身使界

畔割之水必在○有○俱割無牝牡砂割腳故穴後無顯

然臨穴之牝牡獨可無肌理刷開之牝牡斷不成地蓋

有○無蟬翼牛角但得肌理刷開之面而成穴者有之未

有○無肌理刷開者但得蟬翼牛角不

可無肌理刷開者上肉之紋理如牛肉理之斜生前

參入玉從斜理分去壙中無水而有氣肌理不刷開者

土肉之紋理如牛肉理之直生兩滲入土從直理滲入
塊中有水而無氣故穴中有水以土理之分開不
分開別之則有氣無氣亦以土理之分開不分開驗之
蓋天下不生氣者人物草木也人物草木得有生氣者
手足眉目羽毛鱗甲枝葉蒂瓣顯然之形體固無不分
即寸膚寸肉一藥一瓣隱然之紋理亦無不分若只有
顯分而無隱分是猶塑素畫者雖具人物之形全無生
氣何能知覺運動譬星辰雖有別屢護帶而無肌理刷
開之分即爲粗巤飽硬之體何能有星面穴面之動氣

承較蟬翼牛角肌理之分更宜講也然則穴中有石

無石又何以別之曰亦在蟬翼牛角肌理之分而已有

此分者剛硬之煞盪開兩邊中間自有煞平硬中裹軟

必然無石縱有石亦如八字分開其石必嫩不謂之煞

石紋分開之中必有土穴無此分者剛硬之石裹於中

間必無煞平而飽硬即無石而純土亦不可扡山土穴

整後禍不旋踵由無煞帶石之山其石一直生下或

半分合渾身是煞故也

欲勞插入陰煞極重惟石八字分開而有其煞真平者

生者浮石亦無得謂之分盡之分者以分開金面之下

仍有分水之脊出脈者未可言分盡也而未必至毬簷之顯分而見蟬翼蝦鬚隱分而見肌理刷開處句見若蝦鬚尖之隱分惟有肌理刷開中間有蟬翼中間角銀上而托起方為分盡之處即是結穴之處不復有脊脈之起面前惟見有圓唇之收微捲前布有蟬翼之小明堂方見圓唇而之分金之而者以穴後毬簷顯者如覆鍋隱者如泥中簷穴前對望儼如金字之面裕謂之金星楊公謂之乘金其劈中處是分金之中也中心即穴之分金之中即是點穴之中未分盡而是扦之曰鬥顯然即傷脈巳分盡而純陰扦穴巳分盡而

緩拱之曰腕號是純陽扦宗○不於分金之中而旁扦之

曰偏失○偏則益出脈如菜蔓之抽於心結穴如枇杷心之

接於蒂故曰無穴之訣在覓乎一脈之來而處於歪中

之地出非言分盡之處條分金之中即是穴之意耶○

上蓋分以其明肩護帶蟬翼牛角肌理不自內分開而

反自外捕入節不捕入而有生無抱向之情者均謂之

歡○要本身枝脚容闊如或有八八字而無隱八字或有

隱蟬翼而無明肩或邊有邊無參差不齊者亦謂之欲

蓋富分不分即是欲地歇則生氣不行與分相垃分者

陽氣發舒生長之象欹者陰氣收藏蕭殺之象故凶穴

後毬簷溯至分龍太祖俱喜分而忌欹但山之全無分

者亦少似分而非真分者最多顯然分開欹入者易見

隱然分開欹入者難明或大分小分似乎俱偹而地反

假或顯分隱分似乎有缺而穴反真諸般疑似不決者

惟觀其脈路穴情如仰鵝毛之甄寬牽線之軟兩邊護

砂穴牝牡砂俱是如側手臂之向者必真脈路穴情如

覆鵝毛之飽或如急牽線之緊兩邊護砂如側手臂之

背或如手臂之覆與仰願不向而背者俱假分背而仰

而不向雖　以此法互証之真偽假砂不難盡剖矣

仰何益、

明肩護帶蟬翼肌理刷開之圖

右圖上五箇開脚星辰下一箇正體星辰

明肩

護帶

護

大八字之掀

大八字之掀

開刷理肌

群龍並出圖

第一節大八字大故地大

第二節左邊無大八字左

龍之大八字反背地假第

三節本身無大八字左右

砂俱背亦假第四節大八

字小故地小

真 假 假 真

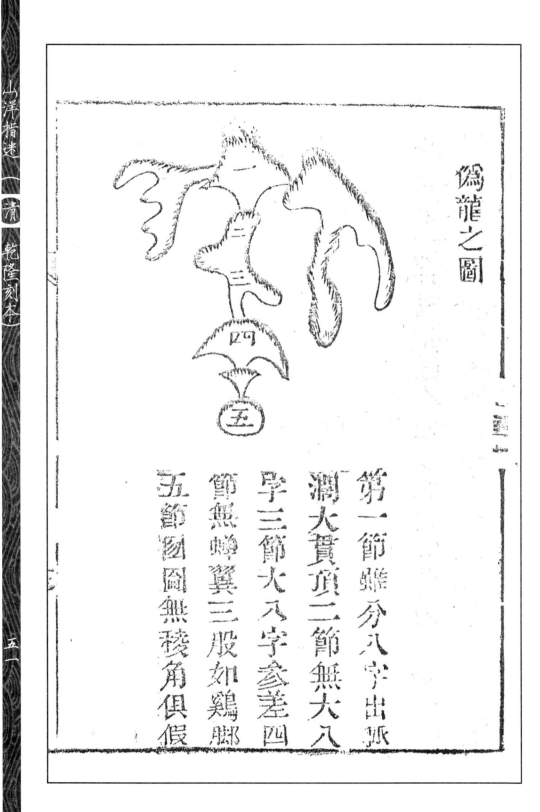

偽龍之圖

第一節雖分八字出脈

瀾大貫頂二節無大八

字三節大八字參差四

節無蟬翼三股如鷄脚

五節場圖無稜角俱假

病龍無碍之圖

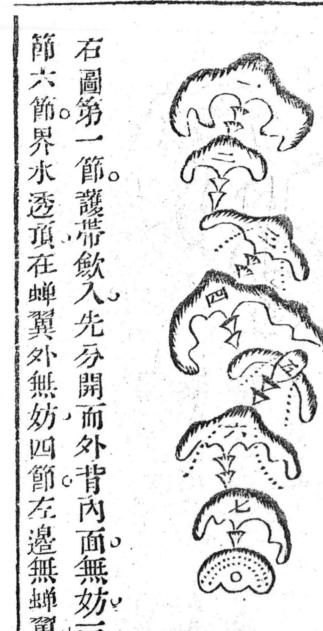

右圖第一節。護帶歙入，先分開而外背內面無妨三
節六節。界水透頂在蟬翼外無妨四節左邊無蟬翼

犯邊有邊無之病如在穴山多不成地今在後龍旁

砂如花瓣相向脈路如寬牽線前後龍俱開面無妨

五節脈路濶大似貫頂但有肌理刷開過開界水不

致扣脈非無分中有分則必有小矬小平而不硬直

亦無矬七節左邊無蟬翼砂本是大病牽非穴山前

後龍俱開好面本身脈如寬牽線旁砂外背內面故

無妨若牛山無金魚砂界水扣助割躶得脈如寬牽

線左右砂外背內面者亦無妨大凡正體星辰似飽

幸而兩邊稜角伶俐中有肌理刷開之分必有小矬

小平之勢，故雖似飽無妨。若八字圍圖無稜角中間

雖有肌理隱分而無數次小矬小平及無兜顯，信之

微有之，穀也。音一無米者，爲分不盡，必無融結，況肌理直生

欲入者乎。

凡分欲之病，共有十八，至卤而不能變吉者有十焉。一

曰無大八字。二曰大八字參差不齊，一邊先分。三曰大

八字少一邊。四曰大八字圍圓無稜角。

角。五曰大八字之內，既無蟬翼，又無肌理刷開。六曰界

水夾脈透頭頂覆。七曰護帶外面內背，或無背無面。

有外掃八八曰辮翼參差金魚砂不齊九曰到穴無分

金之面或牝牡砂不全十曰肌理直生欽入罷有病能

變好面而結小跑教效波曰大八字一遍反背二曰大

八字自外个字而成龍三曰大八字反小而不具其小

八字此三者得下面憑山星泡半山穴有逃脈節泡簷

分金之面脈路仰而不覆穴情的而不飽穴砂均

有隙分在右有砂向而不飽虙砂言

之而者仍有小結不可以祖山不炎而藥之雖有病而不傷

大體者五一曰大八字一邊到穀二曰本山出脈處被

護龍之砂自外揷入二曰內層之護帶蟬翼當小外層

之護帶明肩當大今相同如棕櫚葉四曰後龍山頂蟬

翼那裡之分邊有邊無之二邊落下故無妨○一邊有則生氣從有○半邊界水○

來脈透頭五曰半山無金魚砂或邊有邊無此五者得

後龍節節開面脈路段段逡平旁砂面面相向毬簷唇○

口令明局勢環聚者雖有一節之疵不減眞龍之力又

大龍將盡節節分枝枝成地之處其分龍處之大六

字護帶一邊背我者不可以起祖發足之山谷論此分龍

是大龍行度處分來與起祖發足之分龍有別蓋枝枝

成地之處分大龍一二節即入穴分龍便作太祖故亦

且不能脫化多者砂水不能處處

月不龍辭○因其背我而棄之○

見第三卷○

顧果龍真穴的間或有

背無妙○只要出脈處○有小開面有埃有平前途能

妙○分龍妙○只要出脈處○

悟出數節開面星辰本山枝脚不顧入者亦成中下之

地病龍棄取○以上論○

或曰從來只有分合二字○今分字下添入欽字○合字下

添入割字何也○曰向背仰覆聚散六字○一好一反音俱

有相反者為對○獨分合二字俱在好醜求其與分相反

之字○合字是也○求其與合相反之字○分字是○迫然穴後

宜分不宜合○穴前宜合不宜分○山洋龍法穴法二句包此

括殆盡此不但指穴後　故以歆字易合為分字之反謂

穴前之濁流水痕言

穴後只宜外開不宜歆入以割字易分為合字之反謂

穴前只宜合脚不宜割脚也　後分來合於唇际又有兩

砂塊抱其長也割　○合脚者金魚水淤毬簷

脚詳下合割篇

或曰歆字與合字義似同而云忌歆者何與曰合字穴

前始用之自穴後毬簷溯至分龍太祖一見歆入生氣

不來況合者先首內永開然背內面而環抱其內也歆

者竟自外揷入兩背外面或無背無面而揷入也是以

有別概論分歆　上二節

或曰但聞穴旁有蟬翼未聞祖山山頂亦有蟬翼曰董
德彰云山身處有蟬翼護帶前去必成大地說見四神
秘訣出身者太祖分龍處也則蟬翼豈止穴旁有哉此
節論出身
處○蟬翼
或曰肌理刷開未嘗聞之曰橫看壁面直指斜膚彷彿
有無是為得之此古人語也非肌理刷開之謂乎
或曰顯八字之內固不可無隱八字但隱八字如蟬翼
者可見如肌理刷開者非法眼難明或草木薆蔚或種
植開損雖法眼亦難明且山之个字三股者居多豈盡

如鷄爪假个字亭曰但觀山頂上截有一叚平面無陰

脊透頂有巒有平落下一叚方出脈如寬窄線仰鴎毛

者定有隱不字便是正脈若陰脊透頂不先作一蛾之

勢而出脈如急牽線或如覆鴎毛者定無隱八字即有

亦是砂體蓋眞个字必平而無脊上半截有肌理隱

不遽然分開三股故有平面方爲開而渾者剛飽之眞个

字必渾而有脊上半截無肌理隱分山頂上半截渾者剛飽有脊

而剛飽者即截然分開三股故無平面也个字此節論眞偽

或曰同在此山何謂自外插入即插入便何妙曰如人

凡穴之前龍盡處法令絞從算旁分出為自內分開

方亮分開○謂嗣目自太陽生來○法令絞從兩顴前生進○

為自外插入○後不像人形牙如花果之細枝數片嫩葉○

一葉拕鱗○牙本柔分出為自內分開方成花果若

本枝為葉拕鱗○或省而不全被旁枝之葉擁挨入本枝○

為自外插入葉不成花果故大小八字要在本身之頂○

翮屑先作分開之勢然後環向其身者為自內分開方

能成地若本身不先作分開之勢被隔股別枝之砂從

旁頦將進來為自外插入斷不成地蓋自內分開而環

向本山者定邊外背砂面自外揷入而庸奐本山者定

是內背外面或無背無面若本身巳有大小八字自內

分開而隔股之砂自外揷入則不忌但面求向我者佳○

小他簫論穴山大
小八字之分飲

或雨龍格中惟梧桐枝兩邊均匀蒹葭杞梓楊栁等枝○

非蒹葭不齊則邊有邊無其福力雖不及梧桐枝未嘗

爲假今以參差邊無爲假得毋背先哲之論乎曰彼所

論者行度處之枝腳橈棹子所論者開面處之大小八

字楊栁蒹葭邊無參差而不妨者以分龍入首開面○

成星自有明肩蟬翼之齊分者在設此處邊無參差

雖梧桐枝亦假烏能成地此節論分龍入

或曰分欲之法可辨地之真假亦可辨地之大小乎曰首必須明肩蟬翼

但觀其始分再抽之際大八字大護帶多者前去必成

大地大八字小護帶少者前去必成小地此論護帶

或曰十六字中首刻分字者何歟曰分字即開面之開

字未有不分而能開面者也故分字為首重云

或曰子言無分金不出脈豈水木火土無脈乎曰五星

之體不同而分金之面則一金面故曰分金土言分

所知金字之形爲面也非謂五行之金

如曲些是水之分金長些是木之

分金尖些方些是火土之分金五星皆有分金之面然

後出脈也　此論星面

或曰子言分金之中是穴穴之中金星弔角穴閃薄邊

者豈亦在分金之中乎曰金星弔角者因當中不出脈

閃歸个字之丿八邊出脈而隱然分金之面在於角上

也金星弔角大金面之旁另開小金面穴閃薄邊者因

也扑穴小金面之中卽此分金之中

當中厚而死分金之面閃歸薄邊如人側面一般雖非

折量之中未嘗不在分金之中故宜就其金面中立穴

此節論陰脈也○

或曰何謂化生腦曰山頭○如人之頂化生腦如人之額○

連於山頂者是謂之化生者以山之起頂乃是陰體欲

落脈必先作隱隱分開之勢將硬氣盪開兩邊則隱分

之義下必有一呼之微有如小兒顖門之上截顖上截如見

之者輸其有此陰化而為陽也從此化陽之前生起小腦

之極微有此陰化而為陽也從此化陽之前生起小腦

是為化生腦此陽化而為陰也頭前些脈微有有前些

不陰陽變化呼吸浮沉之機已脈兆於此而浮則氣升

死陰陽變化呼吸浮沉之機已脈兆於此而浮則氣升

沉降而故其腦上必有分開之金面分更有一呼之微有

降而

有前有一吸之微起、是小腦便而此下之節泡毬蘆亦莫

不從此化陽之前生起故脈動而氣生若不從化陽之

前生起則生機已絕無陰陽變化即無呼吸浮沉之動

脈何能有氣從有前生突則氣生不故頭前無此腦推出

血尖中直見其頂者固不成地即有此腦而不從化陽

之前生出則陰煞未化亦不成地陰此節論化生腦

或曰篇中引喻人物草木於地理何關目以其分合向

背之性情與地理同地之生氣不可見故以分合向背

推之地之分合向背亦如人物草木之分合向背也然

非登覽涉歷細心理會難按而知今試以人面喻之百
會山頂也額化生腦也耳與顴骨大八字也眉目小八
字也面上肌膚細紋肌理刷開也法令紋蝦鬚纏水也即
堂平脈不買頂也山根軟元武耳頭也鼻準豐隆天心
輕突也準頭截斷毡前一維而脈止也人中葬口也下
頷圓脣也法令頰骨之處收下合也再以花木喻之放
甲祖山之分也未抽條先布葉如有个字方出脈也欲
作桌先分枝如有樹榦方成籠也大葉之內旋生小葉
如大八字內有小八字隱八字也花蒂到頭束氣也花

開開窩結穴也結眾聚氣突穴也花瓣之故開上分也

花瓣之抱向下合也眉目法令甲蘂蒂瓣俱自內分開

外背內面非自外揷入俱雙雙對分非如不對節哉邊

無參差山之明肩蠔瓮金魚砂俱當似之反此則假夫

八物草木之與地理同氣而興形萬殊而一致散之雖

此要之可以惯通故昆虫物類皆得以取形定穴

雖變而分合向背之性情則一也

仰覆。此篇崑論歪頭出脈。以証開面之有無。

何謂仰覆。曰如仰鵝毛寬牽線為仰。如覆鵝毛急牽線為覆。仰鵝毛與寬牽線。軟無異。覆鵝毛是飽肚急牽線。然是純陰衰也。仰鵝毛毛軟。寬牽線皆軟。脈之形也。出脈如之。自然有撲前之勢。有顧下之情。即是歪頭城。

二者不同。山仰是開陽歟面。陽生生山出脈。自然有撲前之勢。有顧下之情。即是歪頭城章。

在竄咽。穴居右顧。中測穴居中。測穴居在則。硬脈之形也。出脈如之。自然有退後之勢。無顧下之情。即是不歪頭面。頭仰測咽突意向前奔。大抵頭俯則腰軟。自然開頭之歪不歪。

在竄平之有無真假定之。雖平之有無真假。又在分之。

有無真假定之真分者顯分成个字之形盪開外層之

硬氣隱分成分金之而盪開內層之硬氣硬氣盪開於

雨穿脈必脫卸而軟泛故隱八字之叉下小銼一銼而

有數尺之峻前小䘏一䘏而有數尺之平頂開面出山

脈其平盡處近下看之必是些些突泡矃此前卸是妣

生腰其泡亦必有隱八字之分有小銼小平遞下凡有微

泡突泡矃而言皆分隱八字而隱尺八字之叉口必有微

有八字微泡隱分遮脈有有方見如小兒顗門之上載脈從此微有

中蹝下者即是脫卸而軟軟之甚者以三三小銼小平

作大跌大平之勢亦有面又有總遷祿之大
下又有大平之總遷祿方見脫卸之顆大平畫處
歇但下面又復有分此處尚非穴場
望之必是一大泡其泡又復有分有跌有平遞遞而
卸卻不甚軟者止有數次小跌小平或間中跌中平至
毡簷下方有總遷祿之大平既卸不甚軟故遞服蟺下
圓唇托起方然山體不一有三停俱大跌大平而內復
是總遷祿有三停俱大跌大平而內復
有小跌小平者有三停俱小跌小平者有頭止二三小
跌小平不截有大跌大平或中跌中平者有中截只小
跌小平生不截有大跌大平或中跌中平者有跌短而

平長者有越長而平短者有極越極平者有略越略平
者有越不甚峻而平極平者有越極峻而平不甚平者
有越極長而平在依稀之間遠望如急牽線有顧下之
情者有越極短而平在依稀之間遠望如筆牽線無顧
乎之情者有大小疎密長短不等蘇然洪出者雖如此
變化不定聊取其中四者論之以概其變曰大越大平
小越小平極越略平略平而已出脈即下逐類分
疏大越大平者形如長寬牽線極越極平者形如極寬
牽線其垂頭之情不拘遠看近看橫看對看明眼屬眼

皆可得見後龍數十節如此者必是特達之龍穴山三

停如此者必是顯明之穴然不可多得也後龍十節之

內有四五節如此者亦是特達之龍穴山三停之內有

一二停如此者亦是顯明之穴一略綽略平者形如略寬

牽線其乖頭之情近看方見而遠看亦必見橫看方見

而對看未必見明眼方見而庸眼未必見後龍蘇三五

節於極綽極平之中亦是特達之龍者太祖為龍少祖

父母山三停落脈皆如此龍雖不偃夾不發揚降勢不

尊故也○分龍少祖父母山出脈處俱宜標綽極平或

大綽大下段見聲勢彎拔降勢像嚴龍身長短

貴賤亦於此辨若三停氣脈俱略穴山三停之內

煖器不節是低小卑微貧薄　微薄

龍少祖父母山是龍身之三停頂前化生

腦牛山金魚砂穴穴山之三停孫二三停於

極煖極平之中亦是顯明之穴若三停落脈純然如此

須觀頂前之化生腦牛山遞脈之突泡穴後之毬簷不

塌頭而有金泡之起不裹煞而有金面之開脈必從隱

八字之义曰而出而隱八字之义口个對一个貫串而

下者為真若塌頭而金泡不起不裹煞而金面不開脈不

從隱八字之义曰而出而隱八字之义口个不對个在

右散亂而下者為假平以个字之貫串散亂辨脈路穴

情見假旨

無遮形

力量只隨後龍不以到穴之略寬牽線限之

小矬小平者形如短寬牽線又如小兒顖門之上截矬

平之勢短而隱遠看必不見兩邊隱八字不矬而遮其

中心之矬處橫看亦不見遠看不見其小矬小平之勢

剝必類不矬不平之體儱看不見其顖門之有則必類

毫牽線之形惟祿數個大矬大平之長寬牽線極矬極

平之極寬牽線者即遠望亦有垂頭之勢可見若其小

矬小平迤有數次或十餘次而十餘丈闊無稍大之矬

平者其垂頭之情必非遠觀能見出蓋有矬有平之寬

牽線與大矬大平之長寬牽線遠觀而見者固是垂頭。

即小矬小平如短寬牽線近觀得見者亦是垂頭惟不

矬不平如急牽線者方是不垂頭然垂頭不出於个字

分金之面雖大矬大平如長寬牽線亦是假垂頭出於

个字分金之面雖小矬小平如短寬牽線即是直垂頭

不可因遠觀不見而棄小矬小平之真垂頭也勿因大平

之竟牽線遂忽暴不辨真假故但小矬小平之類急牽

以肖無个字分金之面別之。

線與真急牽線相去不遠不可不辨如背駝而陡而寬

而平必金面有拜前之勢是撲前即左右有內顯之情

頂上明肩中得暗翼齊齊分開不邊無參差不自外掬

八性情不側面顧人界水不透頂扣肋。山頂落脈如雞牛

山無金魚砂水必扣肋及牛山遮界水分砂水必透頂牛

山頂而兼及牛山遮界水不破不透而欹而破不欹而

端正開面與明肩自然水不破不欹則好面也自正面。

觀之頂間有隱八字、如糊箒之刷開隱八字中。又有

之勢戀平之盡有微突拾起之戀平之間有

小狹小平如小見顯門之上截戀平之間有短寬牽線遮出

而微突又開金面分隱八字。戀一平。但有小狹

前微突開面方如短寬牽線遮下凡有微突戀小平故小平脈小

有隱分微有

牛山遞脈俱有隱八字之义口个頂一个貫串而下不
識有微窩。
左右散亂脈貫隱八字之义口隨其微起微窩之勢而
下便是生氣之動反此則假然非明察秋毫不能辯此
凡出脈處山出脈之處俱是辯龍辯砂到穴處毯簷後
是辯生辯死至在此二三小窩小平別之穰數个小窩
小平於大窩大平之內與上下者龍力極旺惟祖宗頂
上落脈處不宜單見小窩小平之多而遠望類急牽線
行度小星單見無妨在穴山有上截化生腦前單見此
而下截毯簷方有顯明之窩本者有中截魚砂。指金單見

此而上不載有顯明之剙平者有臨穴單見此而上載
有顯明之剙平者有三停均是小剙小平並無顯明之
剙平者俱以上法辨之力量只隨後龍不以此限蓋後
龍非大剙大平龍勢不旺故不喜小剙小平之單行穴
山得小剙小平生氣亦動故不必大剙大平之兼至穴
山有呼吸浮沉之動氣故不必兼有大剙大平若不然。
有小剙小平復有大剙大平者更發龍脈之旺。
無坐體星辰與寬坦之山卽體星辰方得兼收而峻急
之山如尖火壁立直木揷天突金拱起飛蛾貼壁掛鐘
覆金等形落脈內有小剙小平亦能結地皆在所棄矣

此節論分龍少祖父母山與穴山㠖簷

起頂落脈但有小㣲小平之類急牽線　若無分假分

者或明扁不全凸邊凹或蟬翼有缺或外砂歛入或入

字背身硬煞包裹於中間㣲平不見於頂下或有一㣲

之峻而假㣲無顧下之情或有一段之平而平盡無抬

頭之突出脈龍硬　此論頂前或雖有突而金面不開或雖有面

而隱八字無有或雖有而又不對父終如急摩線覆

鵝毛面硬逆脈無生動之机　因化生腦無真分之　身無拜前之勢即不頂有

塲後之形即抬頭謂之不垂頭在太祖分龍爲根本先凋

前去必不成龍所去必短而不長在行度星辰爲節龍

帶煞後代行至此節必有敗之應。節管一代之證。得

前後龍皆開面不傷大體。如在少祖父母山為胎息不

成。體為遠祖遠宗近穴山數節有特起星辰為少祖穴。

山元武後一節為父母則少祖父母山皆在穴山頂上。

遠祖遠宗之于孫也。不成者無發生之意。

為塌頭在半山為突胸飽肚。在樣籃穴前為塌頭削脚

穴後不歪頭為塌頭。有一犯此即不成地。真急牽線

穴前不抬起為削脚。此節論

或曰山之不可不歪頭。何也曰分八字之形是開陽獻

而拖中个之直是束陰吐脈隱八字之义下一雄而成

顖門微有是陰中化陽氣之呼而沈也有前之脈路一

不而起抬頭微突是陽前變陰氣之吸而浮也此陰陽

變化呼吸浮沉之机相遞而下在性情論曰垂頭在動

靜論曰動氣卜氏曰山本靜勢求動處蔡氏曰休言是

不動則死氣不可不動故頭不可不垂此節論垂頭出脈

本是金動中取穴楊公曰察其生氣動與不動動則生

或曰葬經但言元武垂頭令祖宗父母山皆欲垂頭無

乃過求乎曰穴左數重皆為青龍穴右數重皆為白虎

穴後求龍諸山獨不可皆為元武乎然則胸腹之突泡

穴後之毬簷非頭也何以亦欲其垂曰山有泡為泡頭

穴有突為突頭毬簷亦泡突也突泡毬簷不窠頭到頭

焉得有生氣突泡突後毬簷之窠頭

或曰山忌突胸飽肚則胸腹之間似不可有突泡而遷

脈下來又不可無突泡奈何曰頂下不窠而起突突前

不窠而落脈上塌而下削故為突胸飽肚若突泡前後

俱有窠有平突泡愈多愈有軟之活動之勢何得為突

胸飽肚半山突泡。此節論

或曰突忌削腳則山成立體穴下峻者皆非地歟曰所

謂窠頭者不必定如仰鵝毛之平眠斜勁也如仰鵝毛

此節論來龍及半山

之豎蹴亦是故削脚不削脚不在山之峻與平只在形
之覆與仰至峻之下略還蹴便是垂頭至平之後無一
婀即為削脚前後無些則故曰垂頭不削脚削脚不垂頭
第所謂還蹴者不必定有高起一段亦不必定如平地
只如仰鵝毛之直蹴比坐山壁峻處較平些而有拾起
之勢便是還蹴上垂不蹴若塌頭貫頂雖下而有平亦
非還蹴但真地之圓唇平仰如臺盤者十有七八半峻
牛平如斜蹴仰鵝毛者十之二三峻仰如直蹴仰鵝毛
者百中一二削下而無還蹴之勢者斷然無地　論唇　此節

或曰寬牽線之脈不出於个字分金之中已知其為砂

體宜不結地亦有山於个字分金之中而不結地者何

也曰此大龍方行處之枝脚橈棹也大龍之枝脚必長

正龍之護故个字分金之面寬牽線之勢則不能遠行以作

若無个字分金之面與寬牽線之勢亦不能結地間或有之

不能節節俱有也及觀其大勢必側面而顧人枝葉散

由察其到頭必覆體而不變純陰無陽不分金所故離間有个

人察其到頭必覆體而不變亂操縱

字分金之面與寬牽線之勢亦不能結穴夫覆體不變

易知側面顧人難察欲知其顧人不顧人之性情須登

高遠整四面觀之方可瞭然於胸視高視低視前視後（內照經有近視遠）

視之密而詳寵穴

看決告當如此

也○經云護枝腳論

若止在穴山一看未有不被其朦朧

或曰每見穴山有百十丈急牽線之脈而又能結地者

篇只忌透頂如急牽線故透頂出脈者為貫頂不謂之

何也曰此八般脈中之梗脈也八般穴脈見二卷贅面（乳珠氣皮篩泡梗塊為）

梗若山頂分開金面有一牲之峻一屼之平平盡有抬

頭之突又分兩片蟬翼於旁直下數丈遠望似梗水之如

故曰梗脈然上面須有隱隱八字隱隱姓平脈方不

死故不謂之急牽線劣到頭還須起微突之毯簷開分

金之穴面毯後毯前俱要有毯平不然則到頭無動氣

雖不貫頂出脈亦不成地頭有動氣者方為真結蓋

毯後無平何以見其毯之起毯前無毯何以見其簷之

滴簷前無平何以見其氣之吐毯簷無分金之面何以

見其葬口之開不但梗駅當如是凡穴皆當如是也此

梗脈雖能結地仍以到藍

師論梗
脈結穴

或曰山高而毯必有一段之峻山高而毯長者其峻亦

長勢必如急牽線奈何曰所謂寬牽線者合峻下還蚖

之平觀之也峻下無還瓠之平方為急牽線有還瓠之

平則此長錢之峻正為還瓠張本何得以急牽線目之

如急牽線者方作。此節論高山落脈。

然亦要幾個隱隱八字隱隱錢平在此長錢之內非眞

或曰平岡龍何以見其垂頭甚高峻少見起伏。曰高山

以起伏為勢而佐之以收放曲折故垂頭之處多平岡

以收放曲折為勢而佐之以起伏故垂頭之處少然不

垂頭雖有收放曲折無益故平岡龍於起頂分个字之

處得一錢之峻便作垂頭之勢如人仰臥而抬頭顧胸

方能成龍不一。矬而挺然平去者必是砂體但高山是

坐體星辰矬常長而平常短胸腹顯有突泡之遁生故

矬頭之形對面遠觀即見平岡是卧體星辰矬常短而

平常長胸腹微有突泡之遁生故矬頭之情近看方見。

至結穴處其頂上開面矬頭之下亦須再有突泡泡即突

穴後分開金面方能吐氣結穴此卽論

或曰橫岡落脈。横龍腰落與大龍行與肩臂落脈者

〇從大八字八邊落何以見其矬頭曰橫岡肩臂雖

脈者是見二卷偏面篇

不起頭而貼平岡之前與肩臂上有化生腦并蟬翼肌

理之分有懇有平出脉如寛牽線者便是垂頭不必定

須有頭。此節論橫龍與大

八字ノ八邊落脉

或曰假如一山分作數條並下俱開面成寛牽線之勢

如何分主從曰只觀頂下。即山與毯後之一懇比他

條之懇更甚懇前之一平比他條之平更長懇前有八

字水痕平前有抬頭湧突前有分金之面身不顧人

唇圓堂聚者是眞宂兩條相等是並結灭此是砂蓋眞

龍必翔舞自如旁砂必側體他顧也夫山之喜其懇者

欲其有垂頭之勢爲下面還舘之張本也喜其還舘者

欲其起抬頭之突爲下面垂頭之張本也。○上有垂頭

然遽歃垂頭正爲還歃地步如山頭垂出脈半山尖之勢下而自

泡賠穴球蕎脣毯茫起皆是下面之還歃而本于上面而

之垂頭也還歃即是起尖上之還歃而自見于上面起

尖之正爲垂頭地步如山頭前化生腦突起可見化生腦

之垂頭是也○垂頭節泡突起是也可見化生腦突起可見化生

見半出節泡之垂頭是也

垵前有八字水痕者乃上下

個字相接之遠必有八字摺痕收束其氣使脈路有收

有放而不直硬其頸也脈東細處半前有抬頭湧突者

因上面有垵有平有分水下面與在麥觀之自成湧突

不必此平處更高一段方爲湧突处故凡結穴之山下。

論穴山地坦而不峻者頭斉與毬後必大垵一垵大平

峻二體一

九一

一平坦而不峻頂下與此處雖似可立穴頂下指
蕭氏智掌心龍脈方佐若極峻之山頂下與毬後亦必有
有微一峻略平一平處可以壘坐處不山峻故頂下毬後亦
大峻一峻者峻處不可拔援署平者後平
低有微分八字水痕知其脈尚行而未止凡結穴必有
平短長下面方能結穴故不但穴中穴前要平穴後亦
宜有平卮下毬之窐後也前指頂下之泡俱宜有小
平也後頂平乃見腦之突起脈頂下之泡無平者所降
非指脈毬簷之後無平者穴中雖平亦非平即山頂前無化生
即無金魚水之分故下面雖平則穴不起頂但不先峻一峻

雖有平無益者。卻是純陽不先矬而平。故矬平二字不可相離。矬為陰而不為陽。更要矬處有撲前之勢。平處有遷毬陽相見。方是生氣。之形。上不塌而下不仰。在个字分金之面中。隱八字之义。下者方是毬毬。後有平。要有見。其有平處。則署雖短無妨。方見有前之平雖長。不矬而鋪遷哏。籤不矬面鋪。則無籤而毬有有。則雖短無妨。假愳葬毬後之平者。其平長大禍稍遲。小者。禍至速破毬者氣必散。所棄破訽氣散。毬前矬處卸下而未停。末止脈。猶籤前平處。仰承而氣聚。辈勿愳暈。的前薄口穴是為平處。蓋滿口㴱卸下未停處。扦穴譬前扦穴。譬是小明堂。蓋此也。

福恐傷其龍傷龍則鬭然

故點穴必在簷前平處。此節分別穴山落

脈貞偽并論坦
峻山脈路穴情

或曰吾山巳經垂頭其肩臂直抱可乎曰元武欲其垂

頭者取其勢之撲來情之顧下其兩肩兩臂亦須有撲

裡之勢顯出內顧之真情肩臂之外均須有駝出之形

顯出撲裡之真背則本山之垂頭方真否則雖落脈如

寬窄線亦無益也　此節論穴山肩臂

或曰每見中脈只有小矬小平龍虎反大矬大平豈正

穴在龍虎乎曰此當觀其个字分金之出脈顧入不顧

人之性情如出于个字分金之中直自主而不顧人人

求朝我者雖小剉小平亦是正脈出于个字分金之人

八側面顧人人不朝我者雖大剉大平亦是旁砂然則

龍虎何須火剉大平乎曰楊公云若是面時寬且平者

是背時多陡岸寬者卽寬牽線也中者卽有剉有平也

陡岸者卽無剉無平而如覆鵝毛也故山面而不惟中脈

有剉平卽龍虎亦有剉平而山背則不然且龍虎之有

剉平正以顯穴山寬平之正面耳但龍虎有个字分金

之面自主而不顧人仍有剉有平者亦能結地此節論龍虎

或曰仰者為陽覆者為陰。有陽不可無陰。則有仰不可

無覆。今喜仰惡覆何也。曰凡山形俱上小下大中凹旁

低。其體原覆脈路又覆。則孤陰不生。陰覆之山得陽仰

之脈生氣方動。喜仰者正于覆中取仰。忌覆者不忌山

體之覆。忌脈路之覆也。體坦平灰貧陰脈挺之陰陽變

化方有。然則古人何不及之。曰廖公云。飽是渾如覆箕

動氣

樣醜惡那堪相。是喜仰之意在言外。楊公曰仰掌葬在

掌心裡。又云也會有穴如側掌。却與仰掌無二樣。雖不

言及覆掌而忌覆之意在言外曰金剛肚蝦蟇背鴉公

頭非忌覆之謂乎曰好格面平方合樣高山頂上平如

掌橫觀滌脈寬率線非壽仰之謂乎然則形如覆釜其

頗可富謂何曰此當與形如覆舟女病男四並論覆釜

就星滯言覆舟就氣脈言星體不忌覆氣脈忌覆故一

好一惡如此然覆釜之山後無寬率線之脈巔無平仰

之盤何能結地覆舟之山分開金面有然有平出唇吐

氣奚至爲兩○總是陰宜見陽○此飾論氣脈

或曰仰覆二字于地理果何關切曰葬覆鵝毛之山必

主敗絕有不敗絕者必別有吉地然函禍亦斷不免葬

仰鵝毛之山必主與旺間有興敗者必祖山、分龍而遠祖遠

宗及少祖偶有一節覆鵝毛不能節節如仰鵝毛也若

山皆是 穴山以至穴唇無一節一

自分龍以至穴山自山頂之頂。此節

假不如仰鵝毛自然簽福諭仰覆

或曰前言辯真假以分飲仰覆向背台割入字今止就

仰覆二字斷坤之真假則彼六字可不用乎曰無矮無

平如急牽線覆鵝毛者非無个字必假个字非一遇反

背必無背無面非半山無暗冀而割肋必穴前少圓脣

而割腳若節節艮艮有桫有平如仰鵝毛者必有个字
分金之而外背內面之砂出唇吐氣合而不割故因此
可恭彼六字非謂可逭彼六字也

覆面　鵝毛背

立面　仰鵝毛背

眠面　仰鵝毛背

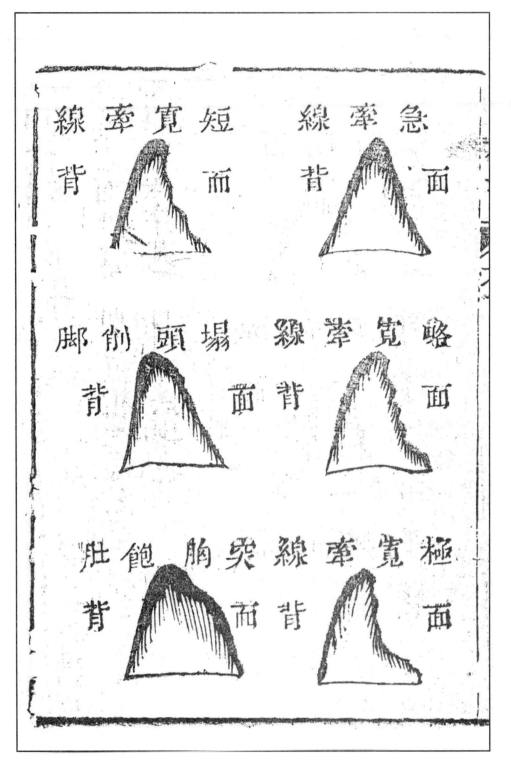

垂頭之形正面難畫故畫其側面然諸圖亦傳繪其

彷彿在學者潛心理會耳

向背

此篇論護砂以瀲龍穴真假。

何謂向背、背以言乎其性情也予謂無向背、
則不見性情無向背則不顯背而稜者分開大八字有
硲稜也。大入字之邊角者明乎有護帶之稱如月角也如
予臂鵝毛之側起外背內面而相向為有稜角內背外
面而相背為無稜角或如手臂鵝毛之覆與仰而不向
不背亦為無稜角外背內面寫有稜角者抱來固為向
諾開亦為向如蓮花半開時園向其心至謝時而花瓣
雖下亦未嘗不向其心內背外面與無稜角背面者謠

山洋指迷　卷一

關開為背抱來亦為背如鄰菜之葉與我菜心相遠固
是背我即蓋過我菜心之上亦是背我菜氏曰觀形貌
者得其為觀性情者得其為原其向背之故只在分之
氣假辨之觀花瓣菜葉無一片不向其心則可通其說
矣花瓣菜葉之必抱向其心者以其從根蒂分出自相
護衛也不然則必有參差之勢分立之形何能片片外
背內面而相向乎是以知其分者護衛自巳故向而不
背假分者羽翼他人故背而不向或雖不羽翼他人亦
不護衛自巳而為閒散之砂故無向無背也夫花與菜

之生氣不可見。觀花瓣萊葉之相向、而知其生氣在于

心地之生氣不可見。觀大小八字之相向、而知其生氣

在于內語云下砂不轉莫尋龍。此卽向字之謂乎。但上

砂向易下砂向難得下砂向則上砂不患不向、必有地

矣。向若下砂向而上砂不向者、并其眞穴也、非

下砂逆轉定有眞結、其上砂自然相、此二語豈非

尋地捷法乎。今人不識轉字、卽是向字。背來駝我者憒

認爲轉無背無面而生轉抱來者、曲轉處似兩抱也、亦

認爲轉韻形貌而不察性情、烏能得之。護帶兼及上下

砂撼以分之眞、至于大龍方行、而未止之處、只一重下

假別其向背

砂真面向裡亦未足恃，楊公所謂纏龍尚須觀疊數，一
重恐是藥，交互三重五重抱回來方是真龍腰上做也
。此論龍，他如朝托待衛及水口砂星辰之向背則與
身行度○
此稱與亦以分大小八字腰軟而肚不飽外背內面者
為向，無大小八字肚飽而腰不軟內背外面者為背，即
非背來馳我無正面之真情向內者亦為背，此皆不關
地之真假但減龍之福力○　此論衛護，若後龍星辰之
大小八字不相向或有一邊向人者為假龍穴，山之大
小八字不相向或有一邊向人者為假穴，後龍之大小

八字相向而兩邊送從纏護砂，有一邊不向者，雖是龍必非正龍。兩邊之送從纏護皆向，而穴山之大小八字有一邊不向者，雖有穴必在他處。穴山大小八字兩邊送從纏護皆向，而朝山不開面相向者，必是枝龍而非正餘水口山不轉面向裡者，必是借明而減福力，山有不向內者，穴中不見亦可。此祖山分龍兩邊凹阜向論龍穴纏護兼及朝案水口山。此論多者龍旺橫龍降脈，背後孝順鬼逆拖者穴真分龍處之護砂兼少，入穴見向而遠觀似背者非龍蕊觀似向橫龍後鬼，入穴見背而內有稜角相向者可而入穴見背者非穴外不像背而內有稜角相向者可

取外雖似背而內無稜角相向者可棄一不向左不向右

而節節鵝毛蘸再得左右砂相向雖旁龍亦可取裁或

向左或向右而形如側手臂左右砂更有一過背我开

本身亦為砂體本身龍虎向而外層皆向砂者地大外層

不向而本身龍虎向者地小此論體認兩砂遠近之向背分別龍穴真偽大小

有等龍虎氣旺曜氣飛揚自本身龍虎一向之外節飛

揚而去得摎纏護水口山面面相向而抱住其飛揚之

砂者反為大地此當求之尋常識見之外然亦當觀其

祖龍何如若祖龍行度節節開面而分龍出帳過峽之

應兩遂通送纏護重重相向者方可曜氣。此論又有一等

龍身於始分再抽之際兩邊護從岡阜向者甚多至結

穴處僅得水纏花無護從只有一股陰砂僅堪藏穴亦

為大地蝶護砂微薄。故向背之本在分龍作祖之處

穿帳過峽之時而到頭之向背特其標耳。此論結穴

指出洋旺龍而言若山谷結果又有一等旺龍枝枝結果

地應以到頭真的多者為貴砂單薄蓋護砂單薄蓋

節節開花一局之中結數地數里之中結數十地其砂

必各自顧穴何能層層向我而不背多有成魚尾砂只

好論其本身之枝葉不顧人而向自己有星面穴面便

是美地其外層皆自去顧穴何能向我只要借用得者
湊拍得來像個局面不斜竄壓射便佳亦仍以眞向多
者為勝龍結穴○此論區又有一種怪穴後龍之開面垂頭臨
穴之結臍吐氣甚眞竅窩鉗篛結臍詳乳而龍虎狀貌反背而
去飛揚○卽曜氣以常見論之何能成地及細察之其反去之
處有隱隱褶紋抱進或層層石紋裏轉者亦成眞穴如
反肘料高骨鸞鵝晒翼雁鵝反翅諸形是也然非蓋堂
之證驗垣局之會聚者不可只取唇口堂砂為証○此
論龍虎

又論肯

坤道諸機曰眾山拱向似乎有地然要辨其真假既曰

拱向復有真假于何辨之在乎識背面而已楊公曰若

是而時寬且平若是峙時多陡岸凡山之拱向者果皆

有寬平之面在前更有峻擁腫之形在後乃見面向

我背在外是真向也若反此而狀雖向我其實無而便

不為真向主山不真主山便不結地故看地當內看

外看也內看者五子作穴之處看凹面之山及本身左

看皆有情向我否若眾山無情向我便結穴不真外看

者四面之山儘有穴內是其向我穴外觀之乃反背無

情迕竅他向穴中所見向我者便非眞面向我者假便
非眞地故內看不外看也但形貌背而性情向者
外觀雖反哲觀則有情龍穴砂水件件眞的又不可
執外觀之決而槪藥之蓋大勢反去爲形貌背石紋裏
轉爲性情向如上所云鴛鴦鸂鶒翼等形是也故石紋之
向背更宜細看爲主眞分假分與六石紋之向背是性情
之顯然者更論及內外看
法龍砂向背自無遁形

護砂向背圖

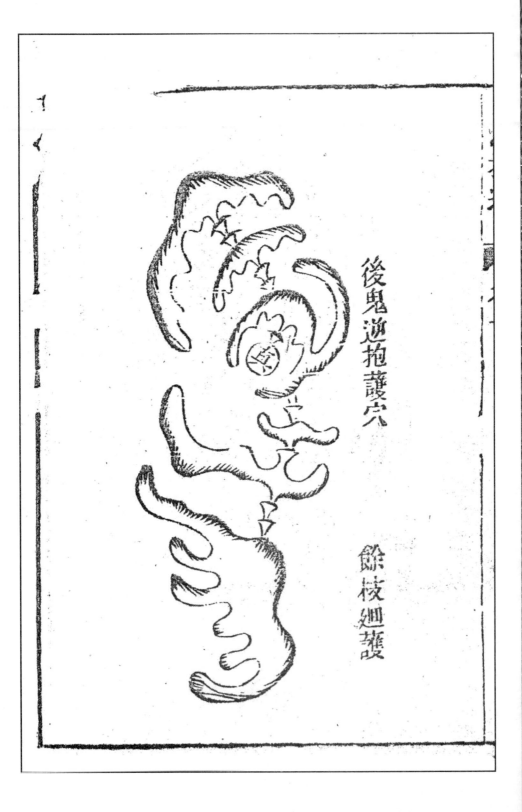

後鬼逆抱護穴

餘枝廻護

合割。此篇論砂之分合以証水之分合水之
合割可見砂之欲脈穴眞假的于此牌之

何謂合割旦有分必有合無分而欲者必割之但割之義
有四如山頂化生腦有蟬翼或肌理刷開之分則水痕
必在蟬翼肌理之外分開如八字爲界出脈之水斷出
有分砂水必兩分水分若無此分水必夾脈而透頭謂
脈降故曰界出脈水分前無蟬翼
之刳脈水肌理水即透頭半山突泡有金魚砂之外則
水痕必在金魚砂之外分開如八字爲界行脈之水頂
前蟬翼肋下之水在金魚砂外分若無此分水必夾脈
前所以界脈而行故曰界行脈水若無此分水必夾脈
而扣肋謂之割肋水毬簷有蟬翼肌理之分則水痕必

往胖腮外分開如法令紋之合于頷下。此從金魚砂出遶穴腮圓胖。下分出遶穴腮圓胖，水于此分砂從此則入於日界。水若無此分則穴必不胖，水必夾脈而斜合于頷護。入脈於唇下，有毬簷而無蟬翼脈理之分則穴胖。腮旁而合爲界入脈之水。下謂之割脚水不胖穴，後兩水直來到合唇下，即是割脚而過。脚按以上論到水爲去，或穴旁少一邊蟬翼，突穴言而指乳。故從山頂說到臨穴。隱隱界水在唇內斜過上，穴旁一邊界亦向唇，或餘氣。不從本身鋪出，此一邊界水從穴間鋪出者真，或左或右反。高起鋪來，在穴前斜來，此一邊界水。或兩邊俱高起鋪來而隱隱。界水在餘氣內合于，穴前餘氣不真，兩界合，或窩鉗穴。

一邊牛角砂，非本身分出界水穿膊斜流穴眂，總謂之割脚水。少一邊蟬翼砂，界水從穴旁斜流，以及餘氣不從本身鋪出界水，或一邊牛角砂界水，或一邊鋪來，令于餘氣，兩者俱是割脚，故曰總是割脚水。或大小八字一臂山言也。

一指穴被旁頂之砂自外插入其枝繼中必有水痕穿入，謂之割臂水。割脚割臂不必兩邊痜犯，即一邊犯者斷不成地。其割肋水間有不忌者，必山頂與穴旁之蟬翼俱夯脈路，如寬夯牽線之軟魚砂，得脈路如鬼牽線者。水從繼平，兩旁砂如花瓣之相向，其透頂割脈水，邊分去，故可不忌。

後龍只犯半邊，亦間有不忌者，必穴山頂上之大八字

牛山之金魚砂到頭之穴面唇祒俱全脈路如寬牽線

之軟左右砂如花瓣之相向但割肋不忌者不拘後龍

穴山數百中嘗見一二若透頂割胝之水只犯牛邊不

忌者後龍數百中亦嘗見一二在穴山則少見山可犯

透頂割胝穴犯此者如人少一眉一目如花少一葉一

瓣必非本體定有損傷須仔細詳審不可以為當然而

漫取之割字之義盡之矣合者真地有兩水合假地方

有兩水合上有分而下有合者假合固不可無水亦

不可全憑水之合也只有兩砂攔收為合但真地有兩

穴後毬簷分明穴前圓

砂堆收、假地亦有兩砂堆收唇托起兩砂堆收其唇者

為真否。合固不可無砂亦不可全憑砂之合也。亦有兩

抱砂堆惟有圓唇之堆收乃可稱合之真。蓋分合乃氣之

行止。非中圓背上毬簷之分如清之駝出出也。右有兩邊拖

下之分氣胡為而行非中圓背下背之駝出故曰背下如

兩角收上之合氣胡為而止分如上弦之月魄合如下

弦之月魄分如鼻孪之法令合如上下之下顴分如臍

上之胸肋合如臍下之小腹而月之心腹之臍面之人

中是分合之中心為生氣聚處故穴旁隱砂兩角拖下

而未收上是氣行而未止兩角收止而不掩下是氣止
而不行但圓唇之內要平如掌心而可坐匝水內平如屏
掌心虛即是小明堂可坐匝水圓唇之邊要有稜稜方
者言暈旁周匝水豐方若此也○
平仰而不削水設如龜背牛鼻而水分水削雖兩角收
上亦非真合心之小明堂脈似能止然有圓唇之合而
巍抱其唇之兩砂又不少不然大界水扣割而來謂
之有唇無襟無合襟之水為割襟之水故論合者當以圓
唇之合為主次及砂之合水之合可也但水有三合一
名三义水交之形三合故曰三义又字相交之義又
氊篿之前圓暈之

旁有隱隱水痕合于小明堂者為一合水眼。即蟹眼半山

金魚砂之肋下分小八字水遶穴腮旁而合于唇不為

二合水。蘥水即金魚水又名蝦鬚。山頂前蟬翼肋下分大八

字水繞金魚砂外合小八字水繞穴腮外而共合于內

明堂者為三合水。翹詹說到山頂。但前言小頂分水在

即蝦鬚水。撰此論合水為主。故從

化生腦即蟬翼。此言合水在山頂蟬翼肋下則合前為

說不同貢則一。外從砂背水來一。從砂面出至下則合前

自一處分合不遶穴坦。此一層水耳屬。陶明歸自明

蟬鬚水長流的有隱隱溥跡隱虎芒收者必有交襟之

水。其合易見能虎繹開。疏無龍虎者山麓一片坦平又

無交襟之溝惟有明堂低處可意會其合　低則水聚　即是合處
合水之起溝處即是三分水流注之源故有三分水必
有三合水不必定有明水交處方為合也其有明水交
者除本身有龍虎外故有明水惟隨龍大界水合于外
明堂然此水橫局合于左右逆局合於背後順局合于
穴前本身有餘枝數里者其水合于數里之外不可以
兩水大合處為正龍盡結也

老翁正龍腰結有餘枝故兩水大合數里外

毬簷背上

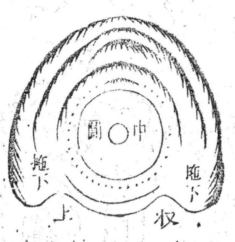

陰脈結穴之圖

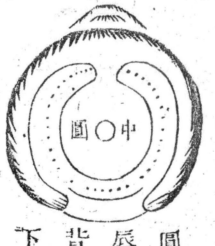

圓唇背下

附正　體星　辰分　合水　之圖

此半山尖泡

此山頂前化生腦

此臨穴毯簷

附乳
突穴
分合
水圖

隨龍水來

隨龍水來

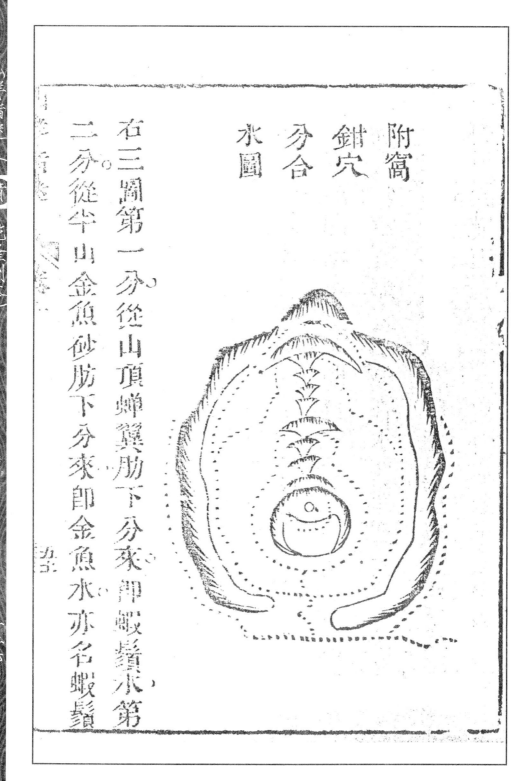

附窩

鉗穴

分合

水圖

右三圖第一分從山頂蟬翼肋下分來即蝦鬚水第

二分從半山金魚砂肋下分來即金魚水亦名蝦鬚

二分從牛山金魚砂肋下分來即金魚水亦名蝦鬚

水第三分從毯簷下穴暈兩旁分來即蟹眼水三分

水合于小明堂為一合水三分水合于唇下為二合

水一分水合于龍虎內之內明堂為三合水隨龍大

界水合于龍虎外之外明堂此指正體開脚星辰穴

小脊脈間斷本身不開口穴結山頂屬處與側鉗邊

山高大地步甚廣脈路牽連長遠者而言若穴山低

鉗穴法惟有貼穴小分合水然亦有股明股暗之不

同其第一二重分水在後龍過脈跌斷遠見之如開

脚星辰龍虎有饒減而另以地步無多者蝦鬚金魚

二水或邊分邊併脣下亦不能定有兩重會合蓋山
體不一穴法多般前圖惟繪其規模在智者善于窺
測耳至內外明堂之水皆會合而流惟小明堂水本
局微滋而過滲入土中設過大雨溢出從脣上直流
者郎是破脣

附橫龍穴
分合
水圖

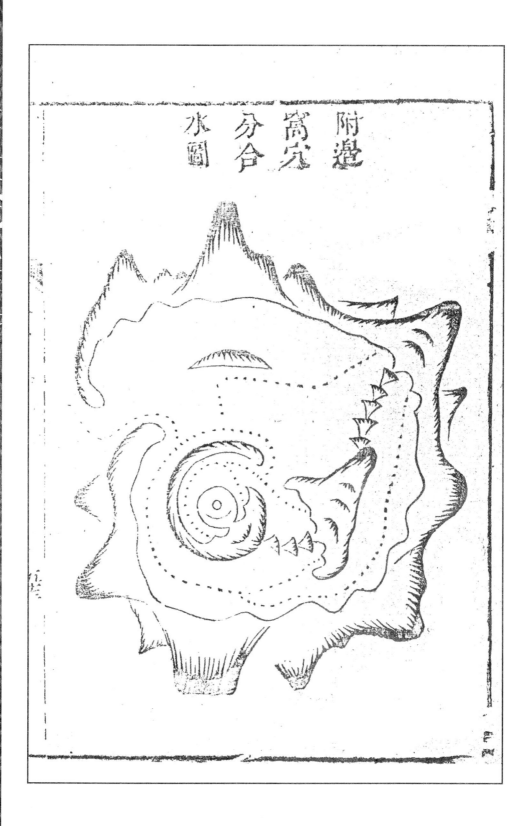

縱橫下。論蜂腰過峽後卷各有篇篇此
下二篇因論佔地步而言其大器
何謂縱橫縱者龍身委蛇起伏向前奔行也橫者開屏
列帳兩旁分佈地二者均不可少然佔地步偏重于橫
蓋惟有帳能佔地步有蓋帳羽翼者為寵蓋帳無則為砂蓋
帳大而羽翼多佔地步廣者為餘寵蓋帳小而羽翼少
佔地步小者為枝寵大帳前垂兩角包裹重頭小帳于
丙力最大包裹開面星辰次之但谿開而不包者又其
次也一縱一橫為十字帳借縱為橫為丁字帳借橫為
縱為偏出帳邊多邊少為不均帳其勢張揚飛舞者龍

行未止收欵同頭者龍行欲任是大小行止皆辭子橫

也但行龍直來而橫開者無幾大都借縱爲橫借

縱者居多況縱橫互借問巧轉身層見疊出地步始廣

枝葉方茂結作多而力量大若直串而來旁分枝葉縱

橫不借者一龍只結一地○上言直來橫開者即十字

乃無帳枝龍

直串而來者

心帳惟大榦龍有之此言

收放

何謂收放收者跌絪過峽也放者放開枝腳也<small>大極取小小極取</small>

放大陰陽變緟護迎送開帳皆放中之事壠龍之鶴膝

化博換之理

蜂腰支龍之銀錠束氣皆收字之別名蜂腰旁之蟬翼

銀錠旁之陰砂乃放中之至小者蓋不收則氣散而不

清緟不放則氣孤而不生長牕火筒與風箱必小其簸

而風力始緟又如州木必放開枝葉而花果方成故善

觀地步者必于峽中觀之李氏曰跌斷非峽謂夾以兩

山而無迎送之砂雖跌斷不為峽途結作必真惟跌斷

而不開而中間無微高脊脈此謝氏曰無關不成峽謂

去定無融結不惟不得爲峽也

峽旁無水口又無迎送交鎖之砂以關其峽水也何潛

齋曰神仙地理無多訣末用尋龍先看峽峽中須要有

明堂內峽外關堂氣結結得深時垣氣真結得淺時垣

氣泄言峽有迎送關鎖砂兩旁自有聚氣明堂方爲好

峽結之淺深者謂迎送關鎖砂之多與少密與疎也觀

此則峽中地步可見矣

附迎 送開 鎖迤圖 吷圖

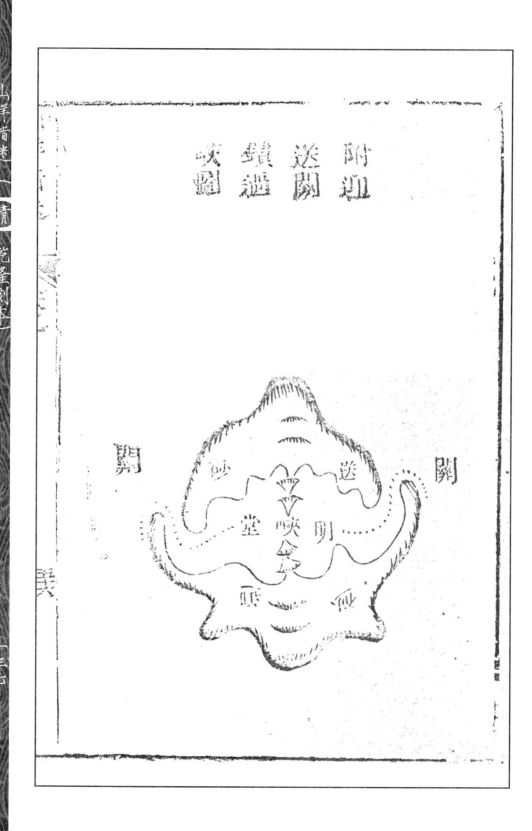

開 開

偏全。此篇論垣局大小下篇論

偏全。兩龍水聚會申明佔地步之意

何謂偏全兩邊皆大江大河夾送而垣局水口纏護盡

托皆水本身自帶者為全局而地步廣一邊大水一邊小

水夾送或兩邊俱小水夾送而垣局水口纏護盡托半

借外來夾托而成者為偏局而地步狹全局偏局之中

又客有大小數等可推而知夫纏護盡托不假外來夾

拍者數百十之中猶有一二垣局水口欲其不假外來

夾拍者非大榦龍不能故天下全局最少偏局最多

聚散

何謂聚散曰龍身垣局明堂俱有聚散不但砂向水纏為聚砂背水走為散也龍身之聚散以巘論龍之來也如層雲疊霧合氣連形遠大者千百里近小者數十里橫亙綿延或以五星或以九星聚而不分謂之聚巘龍乎此旺氣一聚羅列群巘聚之後分枝劈脈餘從中出枝向旁行過峽穿帳兩邊各起崇巒或天弧天角或旗鼓倉庫叢聚拱護謂之行巖來歷既遠必有住處如貴人登堂僚佐屬官排列拱揖又如行人抵家骨肉團聚故曰聚巖即太祖也

聚謂之坐罅有此三罅其龍乃旺不然孤單無從非散

氣而何坐罅之處即垣局之所四面八方之龍皆于此

此住一二面之水于此會者爲小聚千百里之龍于此

住四面八方之水皆于此會者爲大聚一二面之龍於

住千百里之水于此會者爲大聚數里數十里之龍子

此住數十里數十里之水于此會者爲小聚不論大聚小

聚終是大家所共還須各立門戶自成明堂以爲貼身

真聚方可門戶者龍虎近案水口下關也要外背內面

相向有情明堂者穴前之小明堂龍虎內外之內外明

堂也○內明堂郎中明堂在龍虎內要不傾不側窩平容

外明堂郎大明堂在龍虎外、

聚蔡氏曰大勢之聚散見乎遠、穴中之聚散見乎近三

者有相須之道焉故大聚之中有數十龍並住小聚之

中有數龍並住均有門戶明堂亦皆成星開面或螞傳

反隱拙支庶反魁梧欲辨其執輕執重須觀其始分再

抽之處分龍之來再起高大星辰也護從岡阜向者多

而出于聚嶄行嶂之中餘者爲最貴不然雖居大聚之

中只得小聚之力故善觀地者于始分再抽之處已知

其得水得局之槪矣

山洋指迷原本卷二

周景一先生著

山陰姚雨方定潤

姑蘇俞霽峯

山陰吳鄰賡 參註

姑蘇俞弦陶

山陰吳翼年 同校

山陰吳太占

開面異同

或曰。五星九星千變萬化豈一開面盡之乎。抑開面亦

有不同乎曰星辰雖變態多端而真假只決于開面如
貪巨武輔太陽太陰天財紫炁金水等吉星不開面則
凶破祿廉文天罡燥火孤曜摇蕩等凶星開面則吉蓋
吉凶不決于星體而決于開面況星辰之變不可勝窮
惟開面白合穿落傳變之吉格不開面則成粗頑破碎
之凶龍但山之開面有隱顯横偏閃蠻深淺大小多寡
特降牽連開肩乳笑窩鉗之不同耳此而明之雖千變
化無不了然矣
按廖公穴訣云穴星更有八般病有病何勞定斷首

折痕項下拖碎腦石嵯峨斷肩有水穿膊出剖腹胸

長窟折臂原來左右低破面浪痕垂陷足腳頭窟入

水吐舌生尖嘴此是星中大有虧悞用禍相隨穴面

又有八般病有病皆惡症貫頂脈腦上抽墜下脈過

腳行細面脈橫數條飽肚脈覆箕樣受煞脈帶石來

斬斷脈坐下崩此煞脈長死便失序脈不分明莫言

立穴太精詳兩吉此中藏是皆不可不知者故附錄

於此

隱面顯面

隱面者。即正體星辰分隱而脈亦隱。故開脈所以○○其分

星體之正形。故曰正體。如覆釜鐘頗鐘揚剉杵几之類

是也。顯面者。即開腳星辰分顯而脈亦顯。故以

其大小八字尖落脈井然有條。故曰開脈。如人展臂如

禽開翅。如菜蔬之護臺是也。二者雖異而同頂前俱○

要有化生腦節泡隱分顯分背面稜脊不可○不可邊有

邊無星辰不可遷凸邊陷。如上峯所論分○○覆向背

合割之宜忌則一。但正體星辰最忌脈透頂為貫頂

界水透面爲破面開脚星辰則有忌有不忌者若山頂
前化生腦有蟬翼界水在蟬翼外分開而不扣肋透頂
之脈如寬牽線者不忌若無蟬翼界水扣肋透頂之脈
如急牽線者即爲貫頂破面蓋顯面之脈要如寬牽線
軟泛而下有大低大平方任或有顯明奕泡起伏者更
妙隱面之脈要如泥中隱鱉灰中牽線頂前微矬矬前
微平平前微占隱隱躍躍脈出隱入字之义口而隱入
字之分心中心即脈之个對个而來者方眞若無矬平而一
條点下之脈　承言顯面或模糊飽硬者之脈　承隱面俱無融結

正體星辰除大八字顯分外但有肌理隱分不必護帶
蟬翼即有亦在依稀之間微故但有肌理隱分開脚星
辰必須有蟬翼護帶顯然可見即無護帶必要蟬翼此
為異耳

正體星辰落脈隱分開脚星
辰落脈隱分開脚星

山洋指迷　卷二

横面

撞背直來人所知也。然龍之轉身最多有方卞

忽橫降者有方橫行而脈忽直降者，總爲橫面其大八

字卽以來去橫開爲之。不似撞背直來者自分大八字，

然亦要近身有大八字之梢垂下。對面不知其爲橫岡。

而像大八字方頂起翼頼開。肩上蜜如如韻是也。

垂下長者爲有力大八字之外叉有護帶谷開而相向

者爲妙護帶多者更佳。大八字外護帶指來龍枝脚

者爲妙護帶多者可証龍力之旺。說護帶多者可証龍力之旺

但來水遶之護帶不患不相向而患不密開一順欽者

非真○

去水遶之護帶不患不豁開而

患不相向一順背者即假反背而去○向尖水邊蟬翼肌理之分○

亦然橫降處無大小護帶者乃大龍方行之際非大聚

之處何能結地若大龍將盡未盡枝枝結果之處雖無

大小護帶得貼身有小八字之分成分金之面有矬有

不而降○大龍方行山體粗老橫降處無大小護帶必

平而降○大龍身胲化已淨砂水聚會之間但得

小釵小平橫降者氣脈已前途博出大八字之星辰者

故不必有大小護帶亦有橫面亦有隱顯二體當與隱顯面

旺故不必有大小護帶

亦能成地但力不大篇參看○大龍將盡無大小護帶

橫降者須得後龍有大八字星辰但係分凡橫龍結穴

結故力不大以上論降脈以下論穴法

而有降脈者、不論有頂無頂凹腦、均不忌後宮仰龙氣。

鍾于前故也。腦上面有無起頭、與後宮仰、无均可。頂者不生

論惟無降脈而貼養橫担結穴者、忌頂之無、爲橫担貼者

養者扦于山本娃前平處、因其凹腦全無落脈、背後不

無降脈故、穴後均宜有頂。有日天財兩頭齊峙、護托高、穴在

仰瓦者反假。假元叫取真、過樂方來、孝順云鬼也、如鎮束腰者、言近袋是

于前後宮俱仰、无全取兩邊生、來順但如鎖脈者、言駝背

蟹眼唇毡俱全、後有鬼、真若云鬼之脈、平者均可

過脈之所結、起頂平頂者平、承上橫龍一不駝背、仰无所謂穴

向能融結、頂無、更論不可仰无

亦可仰瓦、亦可扦、橫龍知直龍結穴

不起頂、非得背後有逆轉之下砂、外背內面、如孝順

真穴也

砂本水環樂樂後則問相前者
體身向抱低托砂不君下顧後為
亦亦外低向拘逆此何顧砂左美
是者穴平此轉縱砂而不右○
今兩者而者之龍不不俱砂可
人邊攙不為力勢轉他回俱不
見俱龍抱托重尚龍向頭回論
雪是經左若者行我也背頭但
心橈稱右樂是開行○後背鬼
賦棹為者也正面尾君之後樂
忌樂賜為之結真出問下之必
後托帶托點不者搖我砂下不
空抽鬼若○轉亦動行不砂可
而出故樂高者不不故轉不少
無○曰也峙纏如曾曰黑轉證
莽橈水之起○背傳是砂○橫
將棹向點之後○○搖而黑龍
真即穴○一之○非動未砂變
亦之外一枝○○已不定而四
悵○○條為○○任曾○未伏
襄○○轉之後○者○○○定不
○○○面○之○○○○○○牽

而後而之樀棹竟作鬼論故表出之如橫龍有降脈

原不拘後樂有無惟無降脈而橫擔作穴者必須托於

後無托樂不免孤寒有等橫龍降脈處不惟無頂反生

門潭如小窩近窩之背上微窄一線之脈隱隱從凹潭

中出落下一段方起小突為化生腦山下對看只見其

腦不見其凹此化陽之極而生起此腦下面結作必真

如哭扦上面窩處卽是傷龍降脈之變格必須于頭脈

擔橫截無龍要葬有龍故當擁入而扦亦此意也此

為無降脈而貼養結穴者言若有數丈降脈當與直撞

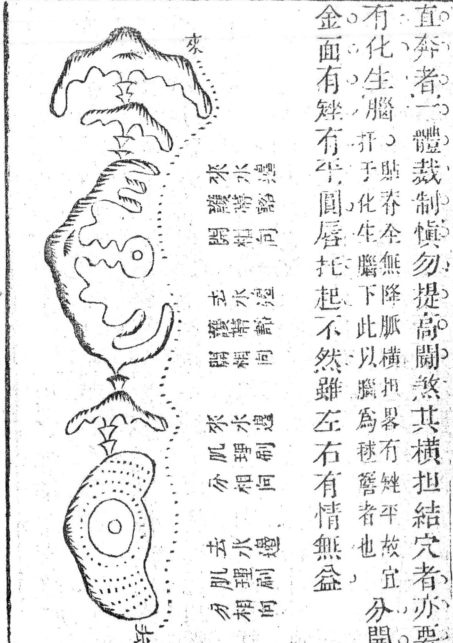

直奔者一體裁制慎勿提高鬧煞其橫抯結穴者亦要

有化生腦抃于化生腦下此以腦為球簷者也。一點喬全無降脈橫抯器有粼平故宜分開

金面有粼有乎圓屑托起不然雖左右有情無益。

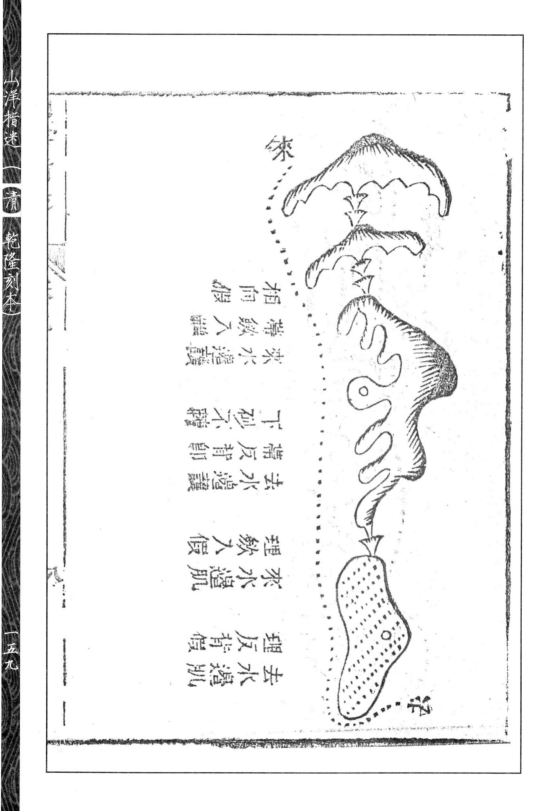

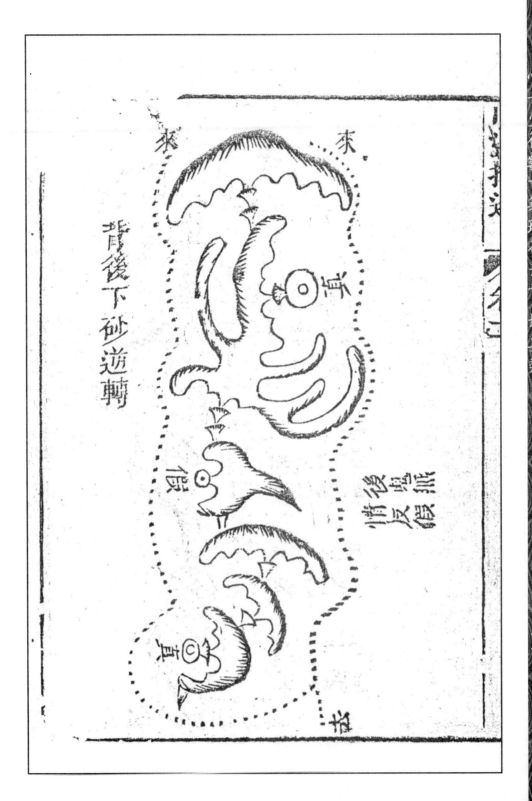

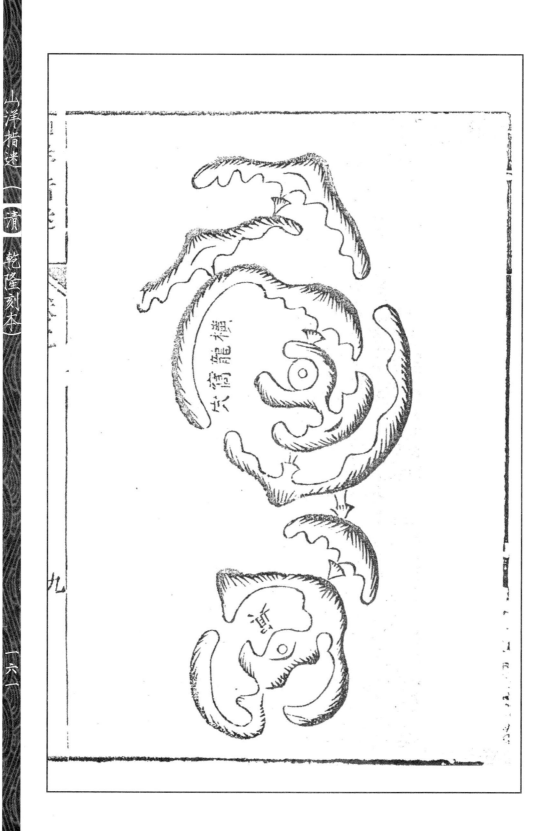

偏面

對頂中出入之所愛然籠之偏降最多有偏至肩臂出

脈者有偏至掌後腕骨出脈者有橫來已起中頂然後

偏過一邊肩臂出脈者有尚未起頂先從肩臂出脈者

皆為偏面其自中頂偏過左右出脈者中頂不必分个

字下來即借中頂那邊一股配我這邊一股為偏中个

字之ノへ只要貼身有蟬翼或肌理刷開分成金面于

大入字之ノへ半邊而近中頂邊之砂豁向中頂邊去

者為眞若欲向出脈邊來便假偏面亦有隱纈二樣當

者為眞若欲向出脈邊來便假與隱題篇參看其偏巴

中出之輕重
後有嵩篇

偏降之圖

過中頂
出脈

此砂窩向
中頂邊去

借中頂砂
之八配左
邊之八

未過中頂出

附圖

中頂砂嘴開相向真

中頂砂嘴向出脈邊來假

閃而

子微曰眞龍閃巧轉身多豈惟直串爲可據言龍之閃

也楊公曰惧葬每因求正面不打渾是藥偏頗言穴之

閃也蓋閃則龍如瓜果不結于正籤正榦之身而結于子

籤子枝之上閃穴如瓜果不結于子籤嫩枝之正而結

于子籤嫩枝之旁故山作中出而穴每勞打山春橫飛

而氣舞直出勢遠弈而腰間潛渡形顧內而腋外偷踪

有頂而透漏于無頂之處有喬而潛隱于無喬之坡非

故閃以示奇亦勢之不得不閃也蓋有脊處硬不得不

借春為出煞之所而別閃于軟處對頂處死不得不以
頂為分開之砂而旁閃于生處生氣喜包藏而山之盡
處拋露不得不棲閃于中腰生氣喜止聚而山之盡處
走瀉不得不拋閃于平地腕內堂氣傾側不得不走閃于
於腕外之聚處正身不開面不得不偏閃于旁枝之閃
面處大抵閃脈之出無正頂之起無大八字之分無春
脈之露惟有隱隱分金之面微微墈平一呼一吸之動
氣可細察而得　宊窩鉗篇　○動氣詳乳然閃龍來處無開面星辰
發出者不眞閃穴止處無唇斂堂砂証穴者必為妖是

交相驗之閃穴似不難知。但星辰與唇臍堂砂無動氣

不靈動氣二字雖似難明。試將分合臍覆認脈穴身認

之與葬書乘金相水諸說。十乘金之說。乃神實經二十三合三分之

要與木之情接乘金者穴取坦緩真土也印木者穴何

水印木之分合也穴土者穴取坦緩真土也印木者穴護

尾坐穴左右兩肘必長曲直在內抱即貼穴護

顯不同亦必曲直抱穴者木也印少

閃穴亦怪穴之穎然怪穴總不能逃于分軟印

揣摩覆唇臍堂砂之外必教初學者細摩其認龍點穴

之要遍覆各墓以証之自可豁然貫通正者如是閃者

亦如是矣。偏面篇參看。此篇宜與

巒面。此篇論砂水分合處〔首與首卷合割篇參看〕

他之真假只在開面與否開面者粗蠢亦真不開面者

文秀亦假其出入秀羨在後龍星辰論不在穴山論也

謝覺齋曰穴金粗蠢號蠢脈雀認蝦鬚氣與珠但見節

包升梗塊時師休要用心圖若是頭梳鉗面出隨他派

路取功夫此是天然真立穴如能明得卽無脈又曰竈

肤穴法最為難認取蝦鬚蟹眼安單股水隨纏繞下三

又五度要廻環之容太粗太蠢皆為假便粗蠢股明股

暗別一般左右枕歸流水取界水明斯穴留與子孫看

蓋蝦有六鬚四短兩長離水俱豎起在水則二長鬚豁

轉向後如八字其鬚尾略轉抱身試放活蝦子清水盆

中自見長鬚抱轉以蝦鉗為鬚慎也今以蝦頭向上比

穴山蝦尾垂下比山坡蝦身比穴脈蝦鬚比山頂前蟬

翼與半山暗翼肋下所分之痕影水除毬簷之分不論

外上面分一重暗翼當有一重蝦鬚砂郎有一重分

若連毬簷之分有三分而入穴者當作兩重蝦鬚分

在山頂蝦翼半山金魚砂臨穴毬簷此砂之三分下來一重水在金魚砂肋下分來一重水在金魚砂肋下分來

頂蝦翼半山金魚砂臨穴毬簷此砂之三分下來一重水在金魚砂肋下分來

魚水又名蝦鬚水低入穴一重為最史肋

唇後之分水穴之真假全在乎此以上論○蓋第二重蝦

分砂以証分水以下論分水以証分砂○○○○註詳首

鬚水當在山頂前化生腦之蝉翼肋下分出○卷合割篇

而不若頂上無蝉翼牛山無○金魚砂界水必夾脈透頭

要牛山微突之暗翼逼開使其如八字樣繞金魚砂外

扣肋一直而不何能如蝦鬚之分開第二重蝦鬚當在

守山暗翼之肋不分出要毬簷之胖腮逼開使其如八

字樣繞穴腮旁簷之分繞○穴腮即毬而合于内明堂若牛山無

暗翼毬簷又無胖腮界水必扣肋夾脈割脚直下又何

能如蝦鬚之分開故蝦鬚之有無在暗翼穴腮之有無

圭之牛山暗翼所分之水又系魚腮水盖暗翼之貼脈

如魚腮之貼身暗翼肋下之分水如魚腮之吐水也然

而低垂中間之脈路一平而頓起肋下方有摺痕如蝦

一挺之下無還戲之平則水不分故兩旁之暗翼拉下

鬚之分去若脈路無挺無平與兩旁之峰卒拉下葢論

肋下無有摺痕界水必四散流去何能生其影之蝦

鬚故蝦鬚之有無叉在挺平之有無葢

鬚寶論山頂與牛山之來　其平盡　在山上

脈葢脈無分水不清也

來未曾另有高起在下面與兩旁看之必高起一塊總

名之曰突泡分而言之微微鋪出如鋪裀展褥之形者

曰氣如牛羊乳之垂者曰乳小巧圓淨如珠之流利者

曰珠些些突泡生于曲動處如食指根曲轉之皮者曰

轉皮橫溿粗潤分節而來者曰節如胞如肚者曰包如

木之條而長垂者曰頤一速成塊而間斷者曰塊此此

脈之八般名字珠乳氣皮節包頤塊顯露

之脈也非突金粗蠡　　　好脈在突金粗蠡出

出珠乳氣皮隱微　　　結作必真出節包梗

塊顯露之脈是粗蠡　　　粗即然果三

上海挨沒　卷二

氣者雖突金粗蠢之山出籠毬簷之處、輕輕突起、何妙有此陰陽變化在

不妨脈之粗蠢、節論來脈隱顯不同。此以上二者任堂而遠脈為突泡在

臨穴之處為毬簷即蟹眼也蓋蟹眼者毬簷之別

名欲其圓淨如蟹眼不可破碎欹斜欲其垂突如蟹眼

不可塌落不起欲其柔嫩如蟹眼不可粗頑不變欲其

截斷如蟹眼不可陰春仍吐要人顧名思義故以蟹眼

名之楊公曰中有蟹眼的的不可轉吳犀精曰落時蝸角

轉在處蟹眼垂垂者毬簷有垂頭之勢。蝸角臨穴之陰砂蟹眼皆指毬簷言

分三熒三平而來復南微分曖浮沉之動

也然不可秃光如蟹眼。須要有分金之面篇（詳乳突篇。但此管論

蓉。又謂一滴蟹眼水者。乾流之少也。一滴言其以毬前一絲作垂

頭之勢。必有高低之坳。如蓉之滴下。卽所謂蓉也。其分

開之兩角不絀。而中心獨雄。則蓉下必有隱隱微平分

開痕影水繞穴暈旁暈前。亦必有隱隱微蓉。可坐面水

也。坐者聚也。匝者過也。青穴暈旁過匝水。卽所謂葬口

自毬蓉而下。兩邊分羝聚暈前微蓉處也。卽所謂葬口

蓉。蓉下平處為葬口。為穴暈暈前微蓉。因毬蓉名蟹眼

也。處為小明堂。是小明堂在葬口內也。

故毬蓉下匝水。亦名蟹眼水。一說毬蓉分金開面一絲

是蜿蟺翼翼。內隱隱摺痕。而脫出隱八字之兩片。卽

抱其蓉眼。故名蟹眼水。 今人強為之分。以乳突長而

脈狹兩邊痕影水長者爲蝦鬚乳突短而脈濶兩邊痕

影水短者爲蟹眼又以蟹是橫行左行則左眼明右行

則右眼明水之股明股暗似之故曰蟹眼水然總是痕

影水而已不必多方辯說也○蟹眼水

暗故曰單股三义五度要廻環者言三合水宜屈曲而

下者○一邊股明痕影言粗蟲山之痕影水必股明股

此節論單股水隨纏繞

水界脈紓徐而下

去○不可合掌直牽無蝦鬚之分則爲太粗太蟲如有股

明股暗之蝦鬚又不嫌其粗蟲故曰就

界水明邊以生氣在于薄處故曰左右元辰如水取界○

水朋過勢自微薄磨磋蠻面山生動處水繞朗梳鉗百二

即是砂抱枕歸流水皆亦傍砂點穴之意〇

句言粗蠻山不出乳珠氣皮之脈但森分數股如梳齒

形而成鉗穴梳齒稀朗似鉗之處不少當認其鉗中有

陽脈者為真穴故曰隨他脈路取工夫突窩鉗篇〇鉗中陽脈詳乳

謝氏二詩前一首論鈍平突泡鉗面以龍上分砂証脈

後一首論单發三义以脈上分水証穴全篇統辨三詩

之意但蜆鬚蟹眼及求脈隱顯

凡穴均須類推不獨蠻面也

深面淺面

深面者。臍腹出脈。淺面者。胸喉出脈。出脈低者星辰莊重雖孤單高聳亦不長風。出脈高者得本身肩翅重護。亦方為有勢。肩翅單薄力輕。若無蟬翼貼身脈必貫頂。亦有喉頸之下雖起小泡不甚顯露但隱隱而下至臍腹陰囊方出顯然之脈者又不妨高出又有喉頸之下連起尖泡或五六或七八大小相等均有外金之面聳串而下如串珠龍上天梯等格兩邊肩翅齊護者力最大。又不可以面淺論之。

在大八字之大小。護帶之有無多寡別之。大

然開極遠護帶數重。如大莱之多葉千葉蓮之多

交而兩相向肩翅齊開者為開極大而前去必結大地

大八字不甚寬開僅有一二重護帶如小莱之不能多

藥草瓣花之不能多瓣但開面端莊而出脈者前去結

甲富貴地大八字短小而不開張護帶全無一邊止有

眼股蟬翼一邊有肌理刷開之面而出脈者前去亦結

水康之地此。在外亦龍起祖處定其優劣已經博換之近

祖又當恕論小面者有行度牽連之小面有已經脫卸

大山一而變小山之小面行度牽連之小面不但低小山

頭有之高山之上只微起微伏不甚頓跌處亦有之此

等星辰輕重不能自主惟視其前後間阻之大星辰護

帶之有無多寡辨其高下已經脫卸之小面當觀其後

龍合上格到頭纏護多者為大地後龍合下格到頭纏

護少者為小地故面之大小只以祖宗論到頭星辰但

兹開面與否不拘而之大小然在山谷分掛之龍仍以

分掛之龍不開大

開大面者為勝迴則氣勢必弱

開面多寡。

龍身雖長不開面者多則力量有限行至不開面處節
上。此因後龍不開面者多故一行至不開面處福力
止遂止若前後龍俱開面中間偶有一節之疵龍運至
此亦衰須行至開。龍身短節節開面發福不小行至盡
百處方興福滓。

處而後已然其長短只以分龍處為始有等大龍行度
帳峽已多脫卸極嫩忽起高大星辰雄踞一方開出大
面分枝數節便成大地蓋高大星辰旺氣一聚縣龍雖
行而脈于此分落共祖同宗故分龍前去不必長遠其
力自大又有大龍行度未止龍身忽嫩雖不起高大星

辰即借大龍本身之盤旋枝腳之輻輳結成垣局大勢

團聚於過龍身上。分開横而掛落一枝。兩邊重岡叠嶂

皆外背內面如干瓣蓮之緊抱者雖數丈之胍結作與

常又有幹龍將結省郡數里分落一枝雖數節龍身亦

成美地然在垣局中分落為貴與省郡同。若在局外分

落必自成垣局方可不然雖旁近省郡力亦輕小以上

三者不以龍短面少為恨。

特降牽連兩

特降者自高山跌落低嶺胸腹甚至跌下平地陰裹有

節泡遞生大起大伏而來牽連者但小起小伏頂下不

生遞脈節泡或有節泡微微起伏而不多或如鋸齒筆

架排來特降相似與牽連者原宜開兩離祖之下不開

面無妨特降者總須開面行度之處不開面便假出身

處之處分龍最忌牽連必須特降行度處雖不能純是特

降亦不可俱是牽連特降相間而來龍勢方活牽

連多而特降少者次之純是牽連雖非砂體亦無力平

岡龍以收放盤旋為勢不以此論

三落式

星有開一二肩與三四肩者。有邊有邊無邊多邊少

變互成橫飛三台席帽筆架五腦七腦九腦六甲金水

之帳肩愈多愈佳愈高愈貴均傅爲上不均傅炎之顯

明力重模糊力輕中頂尖聳者大貴其肩要自我之大

不字一統罩開勢肩校脚面面向我者員每肩各分八

字校脚散亂不向我者假開肩與不開肩力量相去甚

遠五腦七腦九腦六甲龍樓其力最大但撞背面中頂

出脈兩邊開肩均傅如十字樣者最少偏過左右一二

頂開面出脈者居多只要自內分開面相向不拘正

來橫來惟三合橋後龍撞背而來中頂開面出脈者有

之其餘罕覩。

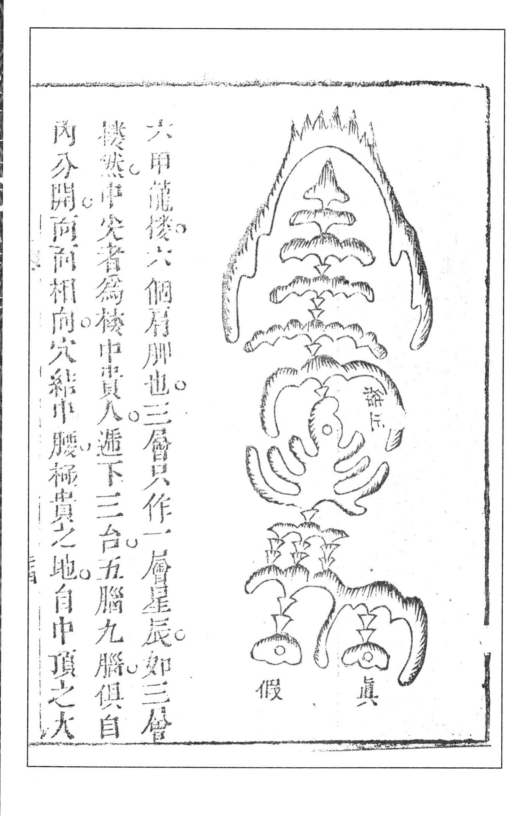

六甲龍樓六個有胐也。三層只作一層星辰。如三層

樓然中尖者為樓中貴人。遞下三台五腦九腦俱自

中分開而前相向尖結中腰稱貴之地自中頂之大

內分開兩前相向尖結中腰稱貴之地自中頂之大

八字一統罩開枝腳面面相向者方眞餘枝之假三

貼眉旁頭各分八字非中頂之大八字一統罩開假

堂脣誘趨左角故結小地中出者無个字左砂反背

鎖。

乳突窩鉗面

乳突窩者乳圓也。乳圓為突出於分隱脈隱之面中。如龜鱉戴

窩者乳扁為突出於分顯脈顯之面中。如重鼻

孔隱突出於分隱脈顯之面中。其要在个字分金

孔隱突出於分顯脈顯之面中。如重鼻

窩之形者名顯乳顯突隱者氣嫩乳嫩突

之而中有短平而求雖不忻有脫卸即可以嫩乳嫩突

寫入穴之毬簷顯者氣老雖作个字分金之

平面嫩突必須每有脫卸方起貼身微泡方可為入穴之

毬簷突毬簷者非此來脈上高起一塊即謂之毬簷也

○以下以毬後分開之蟬翼無一蟹之峻作伏蓉之勢

論毬

便無還巎之平作泛起之形是以兩邊拉下而低垂　毬

後無蟬翼平衍惟中行之脈路有一矬之峻作伏落之勢

於平後故有還巎之平作泛起之形於矬前是以中心雖

頓起而有突若無蟬翼低護于毬旁無矬平于毬後雖

有突泡之起亦非真毬蟬翼方得突腮圓胖有蓋毬旁

有蟬翼之分毬後有矬平之脈方有痕影之蝦鬚水在

蟬翼外分出而合抱其圓脣脈始清而活氣始動而上

出蝦鬚水方見來脈之清弁看其分出之水合抱圓脣

者更見真謂之毬簷者論毬簷　一字有一義兩義合

一物也自其矬前平盡之處有突起之頂言之謂之毬
自其頂前分開之下有矬窩之勘言之謂之簷無毬則
生氣不聚無簷則葬口不開但毬之突起處脈猶未止
也煞俗未化也直待毬前有分開之微口矬窩之峻墈
如帽簷之圓如屋簷之滴方脈止而氣吐陰化而為陽
二者有相須之道故合而稱之為毬簷古人謂無小綿
不成穴以丶主音如毬一頂如簷其突起也如淋開低溷
之穀堆其開口也如嘆去一塊之饅頭又謂之孩見頭
者以毬不可飽碩欲其有微分之隱八字微矬之呼有

如孩見之顖門在頂前微有處籠之微乎上氣方不死
而動有方。毬有顖門微譯氏曰毬籠之下略生窩葬口原
來正是他此是天然眞正穴就中倒杖豈差訛又曰到
穴暴公傀塊全毬籠相似穴天然肥圓開口宜融結葬
盧樂在而前今人恍認籠在穴前好破毬而葬蓋未
以上論孔突若窩鉗穴頂上分開兩股雌雄
莫定八中水於當中儼如界水之檐無脣脈
無分合界水可憑與乳突迥別。此指深大
窩鉗形如穴
低平儼如界水而
然但有微微姓一隱隱分下所謂陽脈是

然則無脈在穴窩而可穴乎曰脈有陰陽不同陰脈在窩

上△然人察窩中之陽脈在凹中行如入于心之脈雖無

有在窩看尋察之細其呼吸浮沉之動氣則一也乳突無

呼吸浮沉之動氣則亦無脈窩鉗有呼吸浮沉之動氣

則亦有脈△宗言乳突亦有微細微平之脈也即氣即是隱微之脈因論窩鉗蓋脈之有

無總動與不動不在有之有無也然則何以見其動乎

曰亦在微鉗微分微有微平之間見之微鉗微分之下

有微微之有是氣之呼而沉微有微平之盡有微微之

起是氣之吸而浮則微鉗微平微有微起遲遲而求者

皆呼吸浮沉之氣使然脈隨氣行氣到而脈隨之矣但

窩鉗中之微起非果有一塊高過兩邊也中脈微起脈

旁又微高與中間脈路相等○

其有亦不見其起中間一路獨有隱隱之分心而錜平

因兩邊分去之紋理俱無錜無平不見

俱有則錜處見其有平處見其起平之盡處自然是起

但非如乳突之起有分水之脊也蓋乳突是陽開裹陰

雌雄外結故界水分開兩邊窩鉗是陰開裹陽惟雄內

結故界水不分兩邊乳突為陰包砂為陽日陽開裹陰窩鉗為陽包砂為陰

陰外陽內故日陰開裹陽○外結者乳突之穴本身不

開日界水從毬後顯然分來合于辰下雌雄砂遠抱也

兩結者窩鉗之穴木身開口界水從穴界水不分中有

後隱隱分來團聚口內雌雄砂近抱也○

水矣奈何曰水有陽會陰流之不同窩鉗中肌理分開○

舒坦有肉者水必鋪開而無溝謂之陽會水若肌理歛○

入過隔無肉者水必成溝而直下謂之陰流水謝覺齋○

曰欲識太陽金水穴卷龍體穴形篇○太陽穴法詳四又無珠乳難分

別水來破面聚入中水若行時脈不歇歇時須要到三

又氣止水交方是結淋頭割腳要消詳推梳毬彎尋活

脈是指陽會水言也○太陽開口濶大具金水之體落

人中者即上文所謂如界水之膅是也水行則脈行水

合則脈止三又者三合水交合之處若無此水交合氣

脈尚行打葬其開不免淋頭割脚故點穴必枕毯　楊公

營此中明深大窩鉗中有陽脈穴凭廓結而言

曰鉗穴如釵掛壁限最嬈頂上有水來釵頭不圓多破

碎水傾穴兩必生○指陰流水言也○鉗穴結高處者

陰流水無分陽會水有分尚鉗不忌陽會水只忌陰流水

陽會水無分陽會水之脊何能使芽水從隱隱之分勢而分

穴中無氣脈穴隱隱之○

去有隙陷之窩平水從莚平之兩邊分開不從莚平之

中間一直瀉下故有葬之下名陽會水雨滲入土亦隨

分開之紋理兩邊斜斜滲去故壙中自無水淋是以窩

甜之穴形附而穴低者穴⋯⋯有數丈高庸眼視之似窩

界水而實無水則窩非真窩也垂乳之勢唇氣之可發稜之

冷利角嘴鉗⋯⋯水淋故此三者又為看窩

鉗⋯⋯三⋯⋯然欲可看動脉有動脉然後可察

其水平腑結穴窩結者其上必有一絲之勘如善

⋯⋯窩鉗之⋯⋯不能如乳突之顯然突起只可觀

之滴一絲之上必有一平之盡如毬之起則窩鉗之毬

詹亦即是動脉之⋯⋯平盡處也有毬⋯⋯方有真脉故既

目又無珠乳難分別又曰推枕毬簷尋活脉正欲人於

但有之中、察其呼吸浮沉之動氣耳。形仰者、窩鉗〔淺小去頂不遠〕、即有平臍立穴猶易。形俯者、窩鉗〔深大去頂數丈〕、方有平臍立穴甚難。須遵水若行時脈不歇之語、扦於水平臍結之處為宜。下面水痕交合也。窩鉗〔大小結穴隱隱分水。臍結者上面微平有隱隱分水小結穴上〕。皆若陰脈結穴、亦宜合眠乾就濕之法〔眠乾就濕者上枕下〕。

親倉如湊急、而扦〔扦毯之前後、與則傷龍鬭煞矣。破毯裹簷俱是〕。上聚論窩鉗陽脈、并言窩鉗陰脈結穴亦宜眠乾就濕。總是上有分而下有合之意。以下分論窩鉗形體。兩掬圓抱、如笄箕金盤之形者曰窩。兩臂直垂、如金釵火鉗之形者曰鉗。窩有大小深淺之不同。鉗有長短曲直之不一。有撞背而開者。有橫過而開者。有勾轉而關者。一是直來直結。一是勾轉逆結。俱要頂頭圓淨。有分金之面。頂必不圓淨。水必破而內觀。外觀其微砂顯砂。俱有外背內面之真情。抱向者方有餘稜生氣。窩鉗此言抱承。但窩無圓唇不成鉗得平臍便結。窩圓寬展。必須水合上唇下平臍結穴。此處分言。故得平臍便鉗宜平臍便之圓唇。然者鉗得平臍上有毬簷。後水分唇前水即唇前水合。是水下平臍。有分合則同。無分合則不同。其鼎身分合。所謂窩鉗者。須知窩鉗得有寬穴補有則無。水即論窩鉗。界水成溝破頂分。金體坦圓窩鉗。並忌界水辰下處。窩忌而鉗不忌。雖雄窩砂短唇圓

心一堂術數古籍珍本叢刊 堪輿類

下窩平容聚左可會合逢
頭抱輔聚水所結虛宜扦頂肉辱下古人不以
尖以下論微微窩鉗承胎者必居中成溝不忌古人不以
甚顯明前微隲處如合盤之窩穴必居中
四皆稜處如合盤之轉茂鉗穴脈合鉗打兩盤
鉗中微突突處側鉗挨食插樣之轉茂鉗穴脈合鉗打兩
盡處之胖肉即玉筋夾暗開鉗分鉗即是看後倚前親
之勢定穴看四應邊鉗觀股明股暗之情水明邊界此皆易曉
惟大窩深窩長鉗直鉗之形俯者其低有中陽脈呼吸
浮沉之動氣為最難認也若有若無難以體認故致詳
於此論言其所至難者篇終復又指出其可學之意也

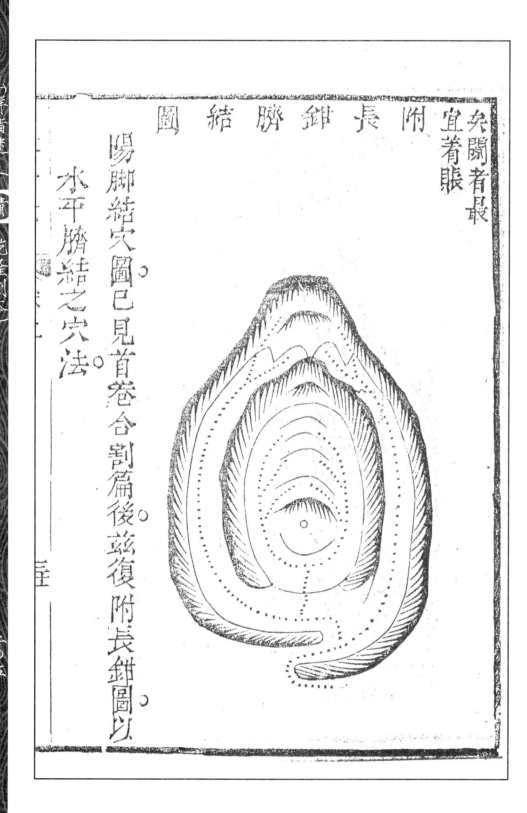

附長鉗勝結圖

矢闊者最宜著眼

陽脚結穴圖已見首卷合割篇後茲復附長鉗圖以水平臍結之穴法。

附

論乳突窩鉗雖形體不同而陰陽變化葬法則一但乳

突無窩鉗不真窩鉗無乳突必偽蓋乳突陰也毬簷

蟬翼分開抱其穴暈此即隱隱窩鉗陰化而為陽也

窩鉗陽也穴後毬簷突起証其穴情此即微微乳突

陽化而為陰也所以乳突之顯者不可無隱隱窩鉗

窩鉗之顯者不可無微微乳突而微乳嫩突亦必有

隱隱窩鉗之穴暈淺窩短鉗亦必有微微乳突之毬

簷以見陰陽交互而成太極兩照經所謂土有天輪

影下有土皆中成太極暈是也天輪影者毬簷肌理

分開金面如天之圓土堆者唇毡托起如地之厚兩

旁痕影水分垂太極暈平坦豐隆含太和之氣介乎

其中如男女媾精胚胎初結生生不息而三才始備

故穴法多端不外乳突窩鉗而四者結穴總以毬簷

唇毡為証蓋有毬簷水方能分有唇毡水方能合平

洋分合篇所謂真分合者亦指貼穴之分合水言也若

天輪影邊高邊低金面不正似土堆而邊凹邊凸或

偏斜傾瀉者即是分不成分合不成合其中何能有

太極暈此惟智者明以辨之更有棄乳打窩避突就

鉗或有窩而葬乳有鉗而葬突皆為窩鉗無微微乳

突乳突無隱隱窩屬孤陽不生純陰不化毬簷屠毬

不真故耳

按內照經以毬簷為穴星。星必合四個星辰方真曰紫

微形如蛾眉曰太乙形如雞距曰旺龍形如覆釜曰

木星形如玉尺有顯然成形者有隱然出面痕影小

水界成形者以見毬簷形體不一故附錄于此。

紫微

太乙

旺龍

木星

石山 亦論。以下四篇舊在三卷之末。○其真

土乃山之肉石乃山之骨觀人骨中有氣則石中有氣

可知故石山亦宜開面石八字層層分開有缝有平穴嫩

情真的或石隙土穴或兩旁硬石中間嫩石可鋤石不

但可剗更須人水即化無細沙或面層是石下有嫩土

間襍者謂之結土結者實也

即天或圓唇是石而不軟斜者其福力惟視開面之

蓋穴

大小多寡地步之廣狹為轉移不因石而有煞或反得

石而清貴或得石曜而兼兵權者有之惟穴後無石入

字而石紋直生欲入無缝無平脈無勤氣或飽硬嚼者

不開金面。金之面不但穴中有直生尖射之石為煞即

石中土穴亦有煞而不可扦也

論葬書云地有吉氣土隨而起是驗真氣于土也又云

山勢原骨是驗真氣于石也蓋山體屬金金氣旺盛

則生石其因氣而行截氣而止形跡較土更顯力量

較土倍重石之行也頭向前者為奔勢脚向前者為

降勢兩邊八壁立分開是大亦勢微微露起如八

字是小分勢石脈一線委蛇曲折出于大分小分之

中或大小相間高低起伏或如梯級或如鋸齒或如

潆洄而來者皆氣之行也兩邊平坦中間微高如來
咽者是氣之入首也然石勢雄急非頓立開面勢不
能止其止也如壁之立為正開面挺立而頭俯為垂
頭開面有石毬開面而簷是土者有土毬突起而簷
是石者或開面之下更有石脈鋪出分解開鉗中含
真土或落下不出石脈有真土隆起均宜認脈察氣
而扦切忌聞煞但頓立之面高者數丈低者四五尺
兩旁之石亦必開面向我者為真如開兩而破碎欲
斜或一邊欲入或一邊向外或一直生下無論大小

高低皆假其有兩邊開面一面向正龍一面向去結

穴者總是護砂又有濿山之石皆向一邊開面者是縮氣之山

他山之朝應有似開面而岩穴空洞者是山之

脚或似壁立而零星間上與駞出而肥滿者是山之

後背此皆開面之假也若老山之石滑而渾大嫩山

之石潤而多紋在山背其紋直在山脇其紋斜在山

頂其鋒鍬在開面其紋橫石鉗生子窩鉗石關生于

乳突送砂形如人入顧穴勢必彎壞故捍門華表北

辰羅星諸體牛是石 山更有石關橫于溪河爲鉄門

金鎖其內定有大地蓋旺氣自祖山發足融結真穴于大龍將盡未盡之間氣復有餘包羅在外近則見于下砂遠門見于水口然石山結穴雖兇石之開面仍以得土為真而不紋裹轉與石山內顧皆不可不察也。

峻山

峻山有坐卧立三體星辰不開面無動氣者皆面開面

而有動氣者俱吉非坦緩便吉陡峻即面凹山賴太素掛

鐘形鑒壁而葬楊筠松掛壁燈貼壁而打此皆先哲之

垂範令峻山高穴發福者處處有之只要星辰開面大

八字有稜而嶙峋有隱穴之埵平或數次或十餘次或

略有顯露竹篙懸鑑每審其中者更妙分處是開陽

獻而平虚是飛陰臨壙劈下有微微之有即是氣之呼

而沉平盡有微微之起即是氣之吸而浮有此陰陽變

化呼吸浮沉之動氣任千般怪穴皆可抖非況端正開

面之峻山平但峻山之穴無鑿窩則氣不蓄無近案則

氣不収二者均不可少

獨山

經曰。氣以龍會。而獨山不可葬也。此惟為山谷中之單

山論唯憑野眎之開散孤山不開而無動氣者言之。

若夫結咽束起忽然突起一山開好而而有動氣者

即無陰砂纏護必有裙襴兜收兜抱。即辱毡。或以水繞當山

纏。或以遠山為城郭。不但開腳星辰有龍虎護衛者可

即正體星辰無龍虎護衛。但得毡羼蟬翼。或虬髯砂

打即正體星辰無龍虎護衛。但得毡羼蟬翼。或虬髯砂

菔棺者。兩證之然砂穴亦不少是葬扁方視後龍之輕重得

水之多寡。而推不因山勢龐雜而議

高山

高山穴如金斗形之梁上穴插劍形之靴上穴照天蠟燭形之骹上穴仙人大座形之顖門膝頭穴是也其龍虎纏護水口近案不如低穴之可以外惜俱要本身自具真面在望齊雖高峻到穴如登平地拜壇兜衿之外猶有餘地平鋪不待填砌者方可或無生成之平或雖有餘而龍虎纏護水口近案非本身所生或雖本身生成而無真面顧內或雖真面顧內而本身不開面無動氣而無真面顧內或雖真面顧內而本身不開面無動氣而後龍不脫卸無纏護者俱假卽本身有開面動氣而後龍不脫卸無纏護者俱假卽本身有開面動氣而

僧道之地雖有脫卸纏護而無臺屏帳峽叠出者丁財
之地雖有臺屏帳峽而一出龍虎之外只有本山獨高
鈴山皆低者仙佛之地惟臺屏帳峽俱備送從纏護秀
高方爲富貴之地其力量大小亦在龍格輕重地步廣
狹推之但高穴收山不收水取天淸之氣居多峰巒不
秀不成大抵貴多而富少名高而望重

偶有開面

或曰有一節開面便可言地乎曰必分龍入首入穴俱

開面者方眞若分龍開面而行度山頂及入首入穴處

半山與毬簷俱不開面者假惟到頭穴山出脈之化生

腦遇脈之突泡臨穴之毬簷俱開分金之面有斗不可

吸浮沉之動脈者必能結地大小久暫當看後

泛頂不開面

或問山體開面者有不開面者混于中奈何曰不開面為泛頂惟分龍入首入穴處忌之見於行度處當視其多寡泛頂少而開面多者定是眞龍泛頂多而開面少者得分龍入首入穴開面猶还失為小地分龍入首入穴俱不開面纔是砂也

同景二　先生著

山陰上雨方校閱

姑蘇前岊璞

山陰吳卿瞻增註

姑蘇俞決陶

山陰吳賀年同校

山陰吳太占

太祖

經云只要源頭來得好。起家須是好公婆。故論祖宗者。

必以出身之太祖始大斡龍太祖在數千里之遠特起

名山跨州連郡高大插天萬派之山皆祖于此所謂權

星大抵多是土金之體蓋惟土金方能綿亙

星是也若水木火星體流動卓立而分形多作近祖

凡一省一郡各有權星仙佛王侯卿相之地必本于此

小斡龍太祖在數百里之遠亦必特達高壓衆山或成

龍樓寶殿金鸞殿閣諸形所謂尊星是也正斡正結之

地必本於此枝龍太祖即大斡龍之分枝亦有遠至數

百里數十里者貴者臺屏帳蓋其次大面星辰再次小

祖星體所謂雄星是也太祖雖遠近不同均須開極大

之兩大八字大護帶亦多行度處辭樓下殿降勢跌斷

兩邊讓從岡阜多者為正龍貴格如大八字小護帶無

多行度處辭樓不作降勢或但有牽連之形兩邊護從

岡阜少者為旁龍賤格龍處辭其優劣

八而出各有枝勢之所向其結必多又曰眾皆趨蹌我

獨張揚皆辯貴賤正旁之捷徑最關係最緊前

途雖遠莫不預定於斯管脈頭

此出脈正指此也　此篇圖太

而兼及旁旁

此在太祖分繆仲淳曰山分

分龍

分龍即出身處。分龍者太祖山之出脈楊公謂之派，定祖宗窮水源察長短辯真假審力量莫不於分龍處觀之一枝者從大小駁分出也。分龍與分枝不同分未分龍以前雖有高峰大岳乃衆山之祖本山太祖必以分龍處為是故以之定祖宗未分龍以前雖有千溪萬壑乃衆水之流本山水源必以出身處旁分兩水夾送龍身漸以成大會于局內與外明堂者為是故以之窮水源未分龍之前雖有千里之龍乃衆山所共無與本山之短長必以分龍

處來歷千里便知有千里之龍故以之察長短未分龍
之前雖有至貴之龍無關本山之真假必以分龍處開
面出脈者為真龍否則是假故以之辯真假未分龍以
前有至美之龍如祖父富貴可以福庇子孫然必分龍
處星辰開面肖其祖父方承其蔭若開面不美祖宗雖
美意必他屬縱有結作小地而已又如未分龍以前有
至粗之龍如祖宗貧賤不免貽累後裔若分龍開面星
辰仍類祖宗之粗蠢者方可限之如變粗出嫩前去定
結美地故以之審力量是以分龍處要開好面之大星

辰子微曰分龍要起大星辰不起星辰氣不生要蟬翼

護常董德彰云出身處有蟬翼護常前去必結大地要

線脈鵝頂而不顧人蔡氏曰出身處線脈鵝頂方見來

歷之真 線脈者出脈細軟鵝頂者山頭如要翔舞自 鵝頂之突出線脈于項下胸腹間也

如楊氏曰真龍屈曲不朝人挺然直出勢最尊要有屏

帳十氏曰出身處列屏列帳要峰巒成座子微曰龍無

星耀低低去此是賤龍出身處要盤旋曲折叉曰龍行

身直不廻翔此是死龍多不祥故龍之貴賤生死只在

分龍出身處定之出身美而到頭不美必有閃結到頭

乃其偽氣出身不羙而到頭羙者必是小結不悠久也。

中出偏出

山龍中出偏出凡開帳落脈高大星辰皆當並論惟太

祖出身處爲最重此而中出者前途所出皆中卽行度

處偶有偏閃其大勢自然不離于中力量自重此而偏

出者前途所出皆偏卽行度處間有中出其大勢自然

不離于偏力量亦輕其所以偏出中出者氣禀之有厚

薄也卽氣厚者正而不偏或先正而後偏其力輕重可

知卽氣薄者偏而不正卽間有正出或偏重而正輕或

偏直而正僞其間不可不辯今人薄偏喜正太都不顧

山洋指迷〔卷三〕

其優劣，

其真偽重輕易不以中出偏出之間視開面之有無衡

應星

應星者太祖之前再起星辰，以証應其所受之真假貴賤也。蓋太祖尚是分派衆共之龍，惟應星是宗山所獨受，無應尾太祖雖美其注意不在此，有應星不開面，亦略小乃嶺與合尖，圓方三者之體，開面端正方足証其所受之真貴楊公曰看龍辭樓并下殿出帳聳起成何形，應星生處別生枝劈脈，証高大辭與下者樓殿喻太祖山高大辭與下者，應星，吳氏曰尋地先須認祖宗，更子離祖察形踪辭樓假粗而不文秀者不貴，高大與太祖並峙尊卑失序，須受之真貴。

下殿峰巒秀頴識前途異氣鍾。皆指應星言也。前一首詩
言應星辭樓下殿合尖圓方吉體者可証龍身之貴。後
一首言應星特起特辭峰巒秀美者可識前途結地之
大辭樓者如臣辭君奉辭主。下殿者自殿頂而下至三
簷三簷直到階陛也辭與下者即特起特降之謂然必
先下而後辭不特地而降。緩緩牽連而降者不得謂下
殿必須自山頂下至山麓方成特降之勢不特地而起
緩緩牽連而起者不得爲辭樓必須離祖數里頓起大
星辰雖不可與太祖相並亦須成座尊嚴佈置地步堆
爲次祖。如此龍方有勢前去必成大地行度之間亦須

特降特起有十二座峰巒聳拔者方是貴龍樓殿惟幹

龍有之枝龍即無然其陟降之勢亦宜如是若牽連而

斷不成斷起不成起起不削起斷不削斷所結必小

祖宗遠近

經云、祖宗積累有根基、子孫終須與人別。所謂積累者。

非徒一太祖一少祖也、少祖以上、其間低小星辰、可以

無論。凡有高大出衆星體、不論爲穿均爲遠祖、遠宗以

歷代積累根基甚厚、故子孫發達亦長、祖宗節數多者

力大而久。節數少者福微而短、幹龍長而祖宗多枝龍

短而祖宗少、分掛枝龍無特起之少祖況遠祖遠宗乎。

凡遠祖遠宗開面地步、與太祖同論、但大祖如開創者、

所關最大開面不美地步不廣便非貴龍開面地步俱

無即是砂體遠祖遠宗如守成者關係少輕面小星粗

無傷大體惟近祖近宗星辰醜惡開面全無出脉如急

流漩覆鵝毛者雖遠祖遠宗甚美亦不能裕後行至此

節不免灰凶若開面星辰勝于太祖太宗行至此節必

德富貴故遠祖遠宗雖關休咎而近祖近宗更係禍福

少祖

將入局數節特起大星辰為少祖廖氏謂之主星壓眾為局

山挺為一此太祖遠宗關係猶緊人式歌云若是山家

方之士

結穴龍定起主星峰主星大小合龍格造化伊可測言

結穴之龍得特起之少祖作主星合龍格應大

富貴中格次之下格又次之聚格小康囟格應大

屏帳蓋成座大星纏護聳發上格出開而尊嚴星成大

座纏護不缺中格也開而端莊星成小座龍不孤單下

格也率牽連連前後相等無特起特斷之星辰襄格也

九

雖有特起星辰。粗蠢醜惡而格也星辰高聳而不秀麗。

不開好面亦醜格也不入格之少祖可以無論成格之

少祖在穴後二三節間。其力重大若離祖太遠則無力。

結作尋常得穴後一二節間再起開面好星辰方能驅

結大地入式歌云。二三節後合星辰福力實非輕節數

遠時福力少再起主星妙語云穴坐主星常代出貴郎

此意也。

龍格篇。此篇尚論少祖貴賤此

今人見元武後一節之頂以父母名之三節之頂以

祖名之後龍許多節數俱以遠祖遠宗名之並不論分

龍長短星辰青囊漫訓之祖宗無怪大小不明禍福莫

辨也必須察分龍之長短方可定祖宗之多寡觀星辰

之吉凶乃可推後代之應驗如龍身短者分大龍一二

節即入穴分龍便作太祖入首便為元武而無少祖遠

宗蓋未分龍之前雖有許多節數衆龍其之本山只分

其旺氣不得認為巳之特祖故曰掛祖分受發福不久

又如龍身長者雖有許多節數若不特起高大星辰但供小牽連兄弟相若而來兩邊護從少者不得誇龍長而祖多也如此者雖有開面不過四五等格又如雖有特起高大星辰若不跌斷成勢對看似成星體橫看牽長一條亦不得誇祖宗之高大若此者面必不大從必不多亦不出四五等格又如雖有頓跌星辰若不能特此特降開面成座枝脚橫鋪廣遠但伯仲相若形如鋸齒之齊枝脚短縮而不揚者亦不得誇星峰之秀如此者雖節節開面不過三四等格必有成座特達之星則

大向而州低脈前後間星主于其間○有二星無變化要

雪樵子曰

間斷有變化要間出間斷者壽常星辰亦大小收放相

可開出者須如鶴立鷄群一見令人刮目

間而來送從之山亦起星峰擁護方為三等格中富中

貴翰苑科甲之地若有開肩展翅列异列帳成座尊嚴

佔地步廣潤之火星主于其間行度處大者極大小者

極小收處極收放處極放如祖孫父子相間而來送從

之山叠起星峰衛護有聚嶂行嶂坐嶂之氣象者方為

一二等格凡聖賢仙佛后妃王侯將相大富大貴之地

規模大抵如是故辯地之大小只在星辰極尊不極尊

地步極廣不極廣肩脚停勻不停勻別之又有近省城
之隨龍穴與出洋之大旺龍徒枝結果節節開花但分
得大龍一二節或只得貼身一掛護從多而而大者大
富貴讓從少而面小者次之倘山體小巧細嫩不能復
開太面而得砂水真向者多節與大面等蓋後面原是
一二等龍身來自數百十里之遠帳峽多而脫卸淨
節勝彼百節故龍不必長一尺勝彼百尺故面不嫌小

枝幹

龍以枝幹名以木喻也。木自根達于巔曰榦。旁出曰枝。

榦復分者爲小榦。小榦復分者爲小枝。大枝自榦中榦小。

枝則枝中枝故有大榦小榦大枝小枝之別。古人定枝

榦法有四。有以水源長短定者如大江大河夾送龍身

者爲榦龍。小溪小澗夾送者爲枝龍。或一邊大水一邊

匝水或一邊小水一邊大水夾送者亦爲枝龍。有以雲。

霧有無定者如高峰大嶂其巔常有雲霧者爲榦龍。低

小而無雲霧者爲枝龍。有以星峰有無定者如渾厚博

太不起星峰者為幹龍秀麗頓跌星峰多者為枝龍有
以峽中人跡多少定者如幹龍數千里而來跡處多係
省郡通衢峽中人跡繁多枝龍數里一斷斷處為鄉村
小徑人跡稀少是也予定枝幹亦有二法一以峽中所
到兩邊大界水定之大幹龍峽中所到大界水必數百
里而來小幹龍數十里大枝數里小枝則里許而已又
以太祖分龍處細審落脈正幹必縱橫自如不顧他人
旁枝必環抱護從而面相向枝幹之分二法亦可盡之
矣然枝幹不可以長短論有枝長而幹反短者蓋幹龍

每從腰落而旁龍前奔數十里以作護衛若不以地步
廣狹開面多寡大小辯之何以別其重輕分其主從乎
但榦龍結穴有脫嫩而結亦有不脫嫩而結其正傳嫩
支又有混于衆枝之中以難分別惟以節節開面縱橫
收放自如護從環向多者爲正榦分枝掛枝亦有大小
不同仍以護從多地步廣者爲優又如分枝並落共一
龍身欲識其輕重亦以此法定之。

老嫩

龍體老嫩以木喻最肖蓋高山窮谷之中萬山于此起
祖衆水于此發源龍極老而不結地如木之根本處無
花果也迨其行行漸遠至牛洋牛谷之間一邊大水尚
處漸有花果也其分枝有老嫩不同輕重不一只以開
行一邊小水已合龍身漸嫩而地亦漸結如木之分枝
而火小地步廣狹衡之迨其愈行愈遠至大江大河大
湖大海之際萬水于此同歸正龍于此大盡其將盡未
盡之間乃龍之最嫩極旺處結作多而力量大如木之

正榦正枝花果極盛也蓋老山起祖開面方始未經脫
卸水初發源少有會合前有分出嫩枝力量微薄及行
至牛腰開面漸多脫卸潔淨有小水可收漸能結地至
大龍將盡未盡之間歷數百十之帳峽經千百十之開
面脫卸極淨諸水皆聚各開好面結地所謂枝枝結果
節節開花也但結地處仍以砂水向多者為勝是以山
谷之間必有數十里來龍數十節開面而臺屏帳蓋纏護
多而地步廣者方結大地若大龍將盡未盡之處只有
里許龍身數節開面或一二節開面有一二座臺屏蓋

帳者亦成大地是一節勝彼百節小而勝彼大百二股

纏山勝彼數重關鎖小山砥柱中流勝彼數重大水口塞

君水口也至于枝龍蓋盡處與榦龍結正宗後之餘

氣雖與山谷間之倒地列若本身不開面出脈而無穴

情者不可以為脫節者尋寸寸是玉而扛之然山谷龍

身節節開面跌斷多差忌曰嫩出洋星體不開面或偶

有開面而無跌斷者亦老開面而無出脈者係他山

用神如蜂腰鶴膝故山谷亦有大貴地出洋雖多下賤龍

門之類也岸

也有等變為低小星辰開面起伏而出嫩

枝不數節變為嫩火粗蠢不開面起伏而成老山及

至數十節變老為嫩嫩又變為老者總之老處分結

少嫩處之結多老處分結非數十節不能成地嫩處分

結數節便成美地

內外

龍有盤旋之勢。即有內外之分。既有內外之分。即有輕重之別。內外者局內局外也。假如一枝大龍結穴兩處結者為局外，局內結者力重，局外結者力輕。如大龍左旋則左為外而右為內。兩邊分結之地必左少而右多。左輕而右重。大龍右旋則右為外而左為內。兩邊分結之地。必右少而左多。右輕而左重。

此內外就盤旋之勢言之。左旋者以左為外，右旋者以右為外，言其勢之所抱向。右旋者以左為內，左旋者以右為內。者為益外邊如背，逼近大江大河水浩瀚而風吹氣散，內也。

山亦多粗，內邊如面，包含小原小坂，水細小而氣聚風

藏山亦多嫩故內邊略掛一枝勝外邊特發數節外邊
數十節籠身不及內邊數節之力內邊卽傍門借戶略
有包裹便結外邊非自立門戶數重環抱不可外邊惟
恐見大水只見一線無妨枝籠不納餘水故也內邊惟
恐不見大水任是洋朝愈妙自家血脈故也如杭城之
南山右旋者也江干為外西湖為內孤山左旋者也古
蕩為外西湖為內傍西湖結地者不止數百處傍江干
古蕩結地者不過幾處而已內邊大富貴地不可校與
皆是傍儌門戶見西湖者儘多外邊惟江交貼祖地在

眠牛山下者東爲大地乃自立門戶不見江水其籠亦
自有帳峽特出數節方成西湖大地但得一節而結穴
者儘多此內外輕重之徵也

開帳

廖氏曰、凡開帳要中出角、奉未為吉。左出為輕右

經輕貴為中分列一邊⋯⋯⋯⋯⋯⋯⋯子字帳次之。金水

為上、兼羅帳爻⋯⋯⋯⋯⋯⋯⋯⋯出丁字帳直來轉橫

糊者為⋯⋯⋯⋯⋯⋯⋯⋯⋯⋯⋯一所明顯者為金水樣

水是⋯⋯⋯⋯⋯⋯⋯⋯⋯⋯⋯⋯有肩如弓之有弰濶

者數十⋯⋯畫定⋯車夾考⋯⋯⋯⋯⋯⋯⋯⋯⋯

身分⋯⋯⋯⋯⋯⋯⋯⋯⋯是或一整之遠最大龍

穿心三⋯⋯⋯⋯⋯⋯凡此方⋯⋯後就撞背而來穿心中心出脈郎十字

帳⋯⋯⋯⋯⋯⋯⋯⋯為⋯⋯心不過中心正出之龍三

五十⋯⋯⋯⋯⋯⋯⋯⋯此蜈蚣節而巳所謂正穿

心不能⋯⋯

餘亦須⋯⋯正見四五節。或一二三節者其

問。或⋯⋯

或蛇蜒蜿⋯⋯蜂腰馬領或鳳舞鸞翔。

必定況⋯⋯字密⋯⋯⋯⋯不一只要龍身真正不

之格帳糢⋯起⋯⋯⋯⋯厚自常倉庫者主大富又

有開帳之前中關⋯⋯下尖起俊秀之峰者為帳內

貴人主大尊貴又有穿心出脈之帳。兩腋高起圓峰⋯不

與本身聯屬侍立兩旁者為暗庫星主富盛而多姬妾。

然小穿心蜈蜙節已為難過況開帳正穿心乎至于

人暗庫猶為罕見

或曰帳有真假乎曰在帳中出脈開面者為真否則是

假但此就統體而論如後龍祖宗甚羙前面子孫俱開

好面佔地步多者方佳若祖宗不羙胎息孫即子受傷中

間雖有一二節穿心帳亦作假論如玉髓經所論尹瓊

姬祖地尸㫒横龍分降借勢為帳者須前途自開好

帳卽借勢亦為有力不然不足恃也

或曰帳穿何義曰古人以行軍帳喻之謂出了後帳又

開前帳卯行軍帳一日一移也玉髓經云帳者障也謂

橫開廣闊能障其風不使吹脈障住外山外水不使逼

近龍身如走佐地步之廣界者曰幛分開大八字而包

裹到頭名曰

帳。稍有不同。

或曰帳處海處能減正龍之力否曰開帳面小護帶少

者不能障風與目跌帳角何能結地如穿心帆

開面枝葉能龍藤参跌卸而去枝葉自茂定有融結若

正龍開帳面小而帳角反開大面豈惟減正龍之力夥

者反為主矣否則帳角分結猶見正虎之明帳

又有帳峽猶見地步之廣其輕重亦隨正龍惟富貴終

有正旁之別初落之帳角分結力尚小中落之帳角分

結力漸大分枝掛結亦然小龍小帳不能有此

蔭護枝葉

龍身所分開帳之外總名枝葉。分之則有數名。曰逐節

分出者為枝腳橈棹自祖山分出隨龍同行不到穴而

先停止者為送隨龍同行而先到穴前廻轉作護者為

迎橫障穴後不抱左右者為托樂又為之屏特起大星

辰分開大面肩翅長垂兩角蔭過數節數十節者為蔭

護蓋過龍虎者為纏護蔭龍起秀麗之峰端拱于穴旁

左右者為夾輔端拱于穴前左右者為侍衛端拱於穴後

左右者為天乙太乙端拱峽之左右者為天弧天角月

月旗戟端拱帳下左右者為暗庫暗庫金童玉女總是

籠之木身分出所以衛護籠穴者也不自本籠分出者

非然本身已成貴體得他籠蔭面相向雖非本身分出

亦可借用若背我或無背無面即本山分出亦無

益也

或曰護蓋枝葉必宜緊有或有此而遺彼者如枝腳短

少無護蓋可乎曰若逐節枝腳停勻交互適當而長遠

者不必祖山之蓋迷如梧桐芍藥護蓋之類是也如自

近祖分出爾股護砂能蓋過較節皆不必至前交察度

衍節無枝腳亦貴如上天梯串珠龍蘆花鞭。金頭玉釜。

卧斝吐絲九天飛帛仙常飄空金蟬脫殼玉片臨軒之

類是也又如近祖一邊無蓋護一邊生枝腳一邊無枝

腳者則無蓋護一邊不可不生枝有邊不須生枝如楊

柳長捲簾殿試之類是也又如自本身分出垂星墜阜

如飛花片片寒鴉點顆之形兩旁擁護者不必頭有枝

條長垂蓋護亦為貴地如蘆花菊搨骨龍蒋地梅花之

類是也若既有近祖之蓋護長垂又有逐節之枝腳繁

衍非都會之夫龑蘢佑千里之地步者不能有此若護

蓋俱無枝脚又少一邊者公分有處。兩邊背然神廟之
地有等出洋龍在大田大坂傍大江大河既無蓋送又
少枝脚或以高田作護衛或以水繞當山纏而穴山開
面出脈屈曲活動有處平呼吸浮沉之動氣者便是富
貴此如之充單獨龍之類是也然究其遠祖必有屏臺
帳蓋之格送從纏護之多來龍長遠脫卸淨盡方能有
此。不然淮惕一路平坦無山何以亦有大地而平洋單
獨龍何以儘多下賤者總宜究其來龍貴賤送從有無
然後定其優劣編龍在山谷愈多愈貴托山昇橫山無

降脈者不須夾輔有龍虎亦不必侍衛大弧大角非以貴

龍不能有之既成大地無亦何得。

或曰龍身短長枝脚不稱可乎曰龍長遠枝脚亦宜長

遠龍短小枝脚亦宜短小龍高人枝脚亦宜高人龍長

遠而枝脚短小爲村龍龍短小而枝脚長遠爲刻龍龍

高人而枝脚低縮爲獨龍蓋枝脚貴停勻若偏枯爲病。

則宜順護反背爲逆則宜圓浄尖利爲煞則宜秀麗醜

惡爲賤則宜整齊散亂爲湯則宜合格貴形吉形爲吉

賤惡爲凶故龍之貴賤不同其美惡亦形千枝脚觀枝

過峽

古人論峽以出脈偏正定吉凶正者兩邊有護送爲吉。

偏者一邊無護送爲凶子微論峽則以護峽山形論吉

凶吉形夾護者吉反此者凶子但以開面出脈爲

重開面者雖旁出力輕猶不失爲眞龍不開面出脈雖

中出無益如護峽山外背內面者吉形兩吉兩形不過

吉中之處如背來就我或無背無面兇形兇面吉形何

取有等過峽起脈之山亦如降脈開好面者此行龍脫

卸將盡未盡必有分枝掛落之地前途可冀。

陰陽峽者卽雌雄峽也如匠人雌雄相一般一邊開窩

而落脈者爲雌一邊走珠而起脈者爲雄（凹爲雌凸走珠者爲雄）

凸上節或雄落而雌受。雄落者落脈凸而有雌此邊雖

泡逃生或雄落而雌受。春雌受者開窩逃脈眞

有窩穴葬者未能得福。氣未止故也。

或曰高山之上並無跌斷無峽可知亦結大地者何。曰、

古有高山峽之名蓋山上架山另闢世界則山上自有

平地其起伏跌斷處卽謂之峽但在下面仰視則不能

見其實高山之上有平地卽有跌斷若無帳無峽不另

闢世界何能結地。

崩洪峽者穿江過河之石脈也石脈從水中過是山與

水為朋水與山為其故曰崩洪惟平洋江河中有之蓋

平洋數千里來龍至大江大河勢不能住則渡水而過。

其過出必開帳作勢兩邊枝腳一齊湧來如鳥之將飛

必先矬其翅而起石骨過虛水必兩分各分流方是過

河之脈其力自大但水面不能見且山谷水跌寫溪澗

石骨形象不拘○

兩邊山腳石骨雖連而彼岸田水不隨龍勢前行反流

入過龍河中即在平洋只以山腳論並非過龍謂之崩

洪峽者非反流入過龍河中仍是山腳相連非渡水之

若龍既渡河則龍勢前行水自隨龍脈前去若

也。然渡水之龍亦必開面分有一脈透過中有龍春其

水兩旁分流或土面之水向一旁流去而河底水亦必

兩分故云非石骨不渡水但博到無山處硬土亦能渡

只要中淺旁深若不開帳作勢枝脚邊有邊無來不洶

滲水中雖有石骨彼岸雖有墩阜只以星散零斷論至

于穿田渡水則以河浜來去為溟雖在極平處仍有浜

脚墩阜可証

玉湖峽者當脈橫生池湖脈在水中過也天池峽者峽

旁各生二池或只一邊有池一邊低用低地孤在中間

過也玉池峽者當脈中心生池孤在兩邊過也其水是
龍氣停瀦非因雨積池湖是造化生成非人力穿鑿深
大力大淺小力小四時不涸清而不濁者實忽然乾涸
渾濁腥臭衰歇之兆果是相所之祖臺屏帳鑿之龍節
節開兩地步廣潤有此頁証其貴中等龍見之亦只尋
常下等龍見之何益故只觀其地步之廣狹開面之多
寡龍格之優劣爲主
古云峽前峽後好尋龍者以龍身邐迤路遠將過峽久
勃之勢島然而起旺氣一聚過峽後方興之勢躍然而

起旺氣亦一聚必有旺氣透于兩邊一開面降脈即借

峽中之迎送為門戶而宍易成或自立門戶更妙然惟

嫩峽有此老峽則否蜂腰鶴膝者為嫩峽牽連小面枝

葉稀疎龍勢逕直騎龍宍順騎固須開正面宍前過窄

腰頭者為老峽

容聚儼如前面不去倒騎亦須倒開正面左右砂層層

廻轉儼如背後生來環抱有情方妙然峽前峽後分排

一枝結地者十之八九騎龍結宍者十之一二

或曰今人見山跌斷即以峽名之並不問迎送有無如

迎送者亦能結地否曰峽間有迎送者惟大富大貴地始

按騎龍穴名
龍脊後有兩
送前有兩
砂迎前似雌雄兩
砂者真前兩
峽包後兩股兩
股峽在內則順騎股股
後兩股包高則
股包在內則高
兩股在內則
兩騎龍由單在
湖砂石邊高
後或邊順
邊依遊順
後必邊高
四而迴生局
而低收局則
驍同正騎鯉
關君橫低
正關中正偏
中迎前時騎則
跛正關君之
中迎送行穴之
蹲中迎送如借空斬

是。小龍止有跌斷何能有迎送之砂但跌斷而得開面

出。脈前去亦結小富貴地不開面而跌斷方在所藥至

小枝龍分跌斷亦無何能有峽惟視其開面有無裝寬

而巳。有等大龍來處過峽重重俱有迎送至入首數節

只跌斷而無迎送亦成大地不可以到頭但有跌斷無

迎送短之。

騎龍體殿

能故則自商放池上闊官鑿為大只騎後亦
得曰其穴水氣以然秀水有龍步發
福雌若有倒開號騎亦會一步有
邊低砂倒氣溝德龍能節止餘
承水穴水開惟騎斬催則者枝
　收　溝　龍闊山使亦剪
　　　　　斬　　　　名裁
　　　　　闊　　　便而得
　　　　　能　　　去法
　　　　　催

附雄落雌受峽圖

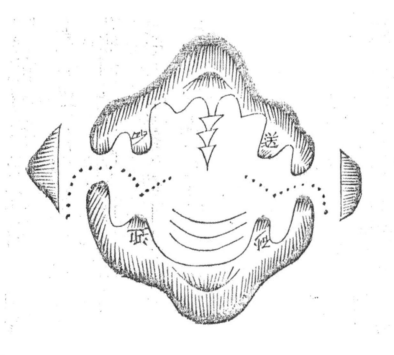

入首

入首者，到頭數節也。子微論龍格穿落傳變，與廖公李氏之論龍格，皆以此數節定吉凶貴賤。蓋大祖大宗猶是遠龍，惟此處最為切近。若入首不美，祖宗雖美何益。

必有入首既美，祖宗必美可知。故尋地捷徑必以入首。他結穴處逆尋到祖山，然結穴既美，隨龍看到結穴處為主。開面者真，不開面者假。宗尋地有二法，有自祖數節為主。開面者真，不開面者假。宗尋到祖山者為捷徑。穴處有自結穴處逆尋到祖山者為捷徑。

蓋成座星辰護衛砂水重重真向者富貴。龍必美，故從結穴處逆尋到祖山者為捷徑。

砂單水拱向者小康。

胎息孕育

語云千里來龍只看到頭一節賦云入首成胎猶防死

絕故胎息孕育此不爲切要項爲胎胎下束咽日

惟主星頂日孕育此處不成穴必他閒蓋元武後一節之

成穴處日育○穴山之父母山開面出脈爲受胎開面者

頂爲父母盡山是也○

脈氣發舒之象出脈者陰氣束聚之形開面處有華頂

是府而施之之象出脈處有還歉是仰而承之之形陰

陽相配俯仰交孕則受胎也胎前跌細如蜂腰處謂之

息如毋之受胎而養息也山開面出脈乃武頂前穴山

頂有隱必隱然之微有是氣之呼而沉微有前起貼體
前。

微泡為化生腦是氣之吸而浮化生腦前亦復有微分

微粒之呼而沉微乎微起之吸而浮謂之孕。生腦閒而

出脈孕以化生腦為主上自尖山頂如孕之懷孕而孕

前下羊牛山遞脈節泡統謂之孕。言孕之前後呼吸浮沉

之呼吸浮沉與毋息相通也與父毋山之氣脈相聯也

孕下起孩見頭之卸蹄穴開端然之面又有隱分隱粒

微有微起之動氣謂之育如子離毋腹而自其呼吸浮

沉之動氣故能育也闈面出弧是以胎息孕育全在

開面方成而生機又在呼吸浮沉之動氣也

論

右人論胎息孕育有始乎少祖山有始乎父母山又

有以毬窐劚胎而息與孕育亦異者何也蓋萬物之

生莫不有胎天地亦一物也太極未分之時包天蘊

地渾沌卽天地之胎人之胚胎亦混沌之象及乾坤

定位而寒暑迭更男女攸分而子孫相繼卽寅息遷

孕育之義焉山川亦以二氣成形得扶輿凝䆗之氣

高壓天下名山綿亘東西南北不知幾萬里者昆崙

是也萬山之派始于是萬山之胎亦成子是其分技

劈脈卽旦息也各都各郡特起名山孕㐀建都建邑

之地育也以龍身發脈論當以太祖山為胎分龍為

息少祖山為孕穴山為育以行龍入首數節論當以

少祖山為胎過脈為息父母山為孕穴山為育先生

以父母山為胎出脈為息穴山化生腦為孕孩見頭

為育者以其切近也然此就大山博換小山出脈結

穴者言之若僅係穴山三分結穴者則當以穴山化

生腦為胎垂頭出脈為息牛山突泡為孕毬簷為育

矣其以毬簷為胎者亦可進推孔實窩鉗簷所謂茶

胎而葬堪輿經所謂點穴須扶胎息是也故古人論

最要者言也

雖不同意各有在先生因其意而申明之蓋以切近

祖褥唇毡

祖褥者坐下之軟肉也唇毡者穴前之餘氣也有祖褥

方有唇毡則唇毡又為祖褥之餘氣也分而名之穴前

平仰圓收者為唇唇下又鋪一層平仰肉者為毡有唇

短而毡長有唇長而毡短有唇毡長短相等者總宜有

仰起扦起之勢兩角收上中央彈出四體寬平不欹不

倒者為真開口穴唇吐口外乳突穴唇吐襟內有口無

唇為空穴有唇無襟為死唇襟者唇旁之兩砂㧞收也

口開潤大而長者口內應有小唇突生臍臁而凹者唇

山洋指迷卷之三

三五

內宜有小口臨田無逼案者唇毡俱全為妙在山有近
案者只有唇收便性高結之穴圓唇非長大平坦而塊
起不可低結之穴與有近案者只要有塊起之意稍峻
無妨其唇短而高起者毡宜濶大唇長而坦平者毡短
亦無妨若似反弓鱉裙者地必假蓋唇毡是綯禱之餘
氣鋪來無唇毡則裀禱亦假故所謂裀禱者不惟穴旁
坐下宜有穴後穴前亦宜有之穴旁無裀禱則無胖腿
穴後坐下無之則不和軟毡磨之後穴前無之則無唇
毡何以成穴惟有祂禱自有唇毡不致散斜尖削而見

其餘氣■

必餘氣旺者雖小地亦發人下左邊多者

長盛右邊■者勿盛面前多者衆房俱盛或曰每見穴

前數尺餘氣子孫反多大片餘氣子孫反少何也曰穴

前雖有餘地而非本身鋪出或從左或從右鋪來而一

邊界水隱隱從穴前割脚過者或左右俱鋪來而兩邊

隱隱界水從穴前割脚合者或從本身鋪出而無托起

平仰之勢如覆鵝毛之削下龜背之有脊者或雖托起

平仰而穴後不開面無短平者雖穴前鋪出一片餘地

皆非餘氣也蓋氣隨脈行脈隨氣止氣脈凝聚自然四

體融和精神發越一邊界水割腳而過者必唇側而無

毬兩邊界水割腳而合者即有口而無唇前無唇毬穴

無氣脈也不能托起平仰者生氣不收也如覆鵝毛龜

背者陰煞不化也後無䒼平者即無動脈脈一死氣散也

氣尚無有何能有餘哉氣既無雖有餘氣何益此皆緺

褥唇毬不真故也餘氣少而丁旺者可不言而喻矣

餘氣篇。此篇論龍身餘氣與前篇論穴前之餘氣有別

古云大地多從腰裡落迴轉餘枝作城郭餘枝即正結之餘氣也蓋龍如瓜藤瓜之結實多在藤腰及將盡未盡之間近根之處正藤之抄即有所結不堪爲種眞龍結穴亦然正穴旣結其餘氣或從龍虎肘外或從官鬼前後及纏護會曜邊曲折而去或山或地或作水口或成陰地陽基有數里而住數十里而止者只要眞情拱向無論遠近去而不結者爲少去而結地者爲大故省郡之大乾龍將盡處閃落一枝結穴而以省郡爲用神者封拜

之地經云餘氣不行數十里定然不是王侯地蓋小地

以砂爲用神大地以正龍爲用神如韓信將兵漢高將

將也惟分落之小枝如結瓜之子藤但得獨立門戶自

然風藏氣聚不論前去餘氣有無所謂餘氣者內觀有

外觀俱要真面向我而後去去而復回顧者方真外背

內面之真情拱向若內觀似向外觀似背遠砂似向而

方有顧戀之意。近砂反背者乃鬼却也撼龍經曰鬼山亦自有真形

近砂反背者乃鬼却也撼龍經曰鬼山亦自有真形形

隨三吉輔弼類九星皆有鬼形樣不類本身不入相故

真龍之鬼自有種類有此龍必有類形之鬼而小枝龍

則另生頭面不與本山類形是以餘氣鬼刻小枝龍之

鬼氣三者又各有別

心一堂術數古籍珍本叢刊　堪輿類

二九四

論地步本於開面

開面地步雖分兩樣然開大面即是佔地步無地步即
是不開面何也大八字一統軍盡護帶數重兩邊送從
纏護面面相向非開大面乎貫頂出脈護帶全無兄弟

山換近本身者非無地步與不開面乎故開大面地步
曰廣開小面地步自狹不開面地步自無蓋面之大小
不專指本身言亦兼羽翼護衛言之也羽翼護衛多者
地步廣雖本身之面小亦爲開大面無來翼護衛者地
步狹雖本身之面大亦爲開小面故開面地步總是一

事但自木身之肩臂眉目肌理之分言之則爲開面自
外層之羽翼護衛言之則爲估地步論眞假非肩臂眉
目肌理之分不可論大小非羽翼護衛之分不可固一
事而兩名者也

論開面地步兼形勢星辰

秦漢時論形勢唐末時論星辰今人止知論勢其次論星與形之獨論開面地步者蓋以山川古今不改吾人所見不同總皆發明山川之秘如狐首青烏葬經以形勢察性情以性情察生氣撼龍疑龍玉髓經泄天機之類以地下山形合上天星象以人間庶物狀山川變形逐類推求隨形模倣皆格物以明理非初學所能驟至子開面地步之詮蒸悟萬山性情總歸一貫機竅意淺言詳人所易曉況形勢星辰亦皆包括誠以山龍無開

面地步即不成形勢星辰何也未有不開面而能成形

勢者也未有不開面而能登

叢展轉開面而能成尊嚴降勢者也未有不登

羽翼不面面相向而能成團聚廻環之勢者也未有不

佔地步之廣而能有勢如重星茂草喬木勢如降龍水

繞雲從者也未有不佔地步之極廣而能有勢如巨浪

重領登嶂勢如萬馬自天而下者也廖氏曰貫是脈從

頂上抽星降才現頭飽是渾如覆其儀醜惡那堪相楊

公曰大抵星辰嫌破碎不抱木身多作怪皆星辰不開

面之說也葬經曰形如亂衣好女淫妻形如仰刀面禍
難逃形如臥劍誅夷遍倚形如覆舟女病男囚又曰勢
如戈矛兵死刑因勢如流水生人皆鬼勢如驚蛇屈曲
徐斜滅國亡家此皆不開面不佔地步之說也入戈歌
云奸格百平方合樣面飽何勞相不開面者其面能乎
而不飽平撼龍經曰作穴分金過如線曰分金者非卽
開面之謂乎又曰高山頂上平如掌中夾細脈如蛇樣
平如掌卽開陽獻面如蛇樣卽束陰吐氣中分卽隱顯
之分又非開面之謂乎然則古人之論形勢星辰未嘗

言形勢星辰而詳論開面地步也

不寫開面地步之意但不明明道破尋故發其隱微不

饒減

饒減者多者為饒少者為減即換加法也蓋暈心標準。

左右均勻換左則左少右多謂之減龍饒虎換右則右

少左多謂之減虎饒龍又如龍先到而在內虎後到而

在外龍近虎遠作穴換近龍邊即是減龍饒虎虎先到

而龍後到虎近龍遠作穴換近虎邊即為減虎饒龍是

也其龍虎不齊抱而龍山高虎山低虎山高者亦宜減龍饒虎

虎山低而龍山高者則筭減虎饒龍又落脈饒減之法。

如脈從左落勢必趨右宜右邊受穴左耳乘龍棺頭宜

親在邊棺脚宜近左邊亦曰減龍饒虎右肩落脈饒減

亦然大抵落脈至右之饒減與龍虎遠近之饒減常自

相符當饒減而不饒減者禍在公分如左砂先到當挨不

不挨長房必敗左水不到穴前故也右砂先到當挨不

挨幼房必敗右水不到穴前故也又如水自左求右邊

是下砂不挨右而挨左則青龍順氣禍及長房水自右

求左邊是下砂不挨左而挨右則白虎順氣禍及幼房

挨韛

挨韛者挨生聚死處也如脈從左轉右則右死右
生從右轉左則右死左生雙脈短者爲生齊脈小者爲
生貼身砂長者爲生痕影水明者爲生弦稜伶俐仰處
爲生圓屑薄坪仰平鋪邊爲生穴腿圓胖爲生枝杜砂先
到爲生龍虎灣環醒蜆邊爲生氣脈有陰陽變化呼吸
浮沉之動氣爲生總之動處仰處圓處有情處厚者薄
處薄者厚處均爲生也左生發長右生發匀

倒杖。此篇乃立穴定向之準繩以明巒頭為本理氣為用之意。

倒杖者手持一杖立于簷下平處仰視分水之脊對與不對分金之面中與不中仔細詳認務求對中將直杖放於簷下平處又以一杖加直杖之上橫如十字看此橫杖與穴腦則脈過處過中否只脈緩將橫直二杖移上數尺脈急移下數尺此乃盤繞後過灣界邊二二尺。即股明股暗挨過界水此挨棄法也。若急不急兩灣界水俱明者直杖只對分金之面圓脣處作十字兒饒龍時定之再以數丈線一條上下打轄繫定減在此再以數丈線一條上下打轄繫定上樁正對分金脊中、方為不偏、此正對遠近之氣線上、定以穴以下即于十字之中打一中樁、於 字杖收過只執定向、一杖于季站在本嶺之處而砌、雄相蔭君串先到之砂頭、雌雄者左右砂見乳突窩鉗篇就者砂水相交串者貫近彼逸先収龍砂或串水交蔭法也半股明界水須對明堂收若雌雄、闊大對開口當中對明堂聚處前親正、之穴對開口當中理氣法而放直杖于中亦以一線與杖相照上下

緊定下樁正對合水出長 為六扁

周對正案有明水則對

交者對砂水交襟處開口不交者對尸食□□

此定坐向之線。落脈饒減在耳辯之時

乘者腰受者以耳對氣線是此乘氣之法皆如窩鉗穴。

線當以隱隱矮平之分心處為中向線當以唇口為

橫枝當以水平旊結對兩邊之圓抱中為則。此窩鉗

線之法其乳突棯耳腧腰必對氣線者使氣之貫棺。

直二杖巳覎篇首。

如線之申錢吞吐錢減挨棄俱憑十字為定故曰申錢

十字。

淺深之法。有以兩邊界水定者有以穴前小明堂定者有以一合水定者。

窩鉗穴無貼身一合水。卽蟹眼一合水窩鉗穴無一合水者卽堆與經所謂蟹眼不分扦穴是也。蓋深大窩鉗穴結低處平中取突毬簷無蟹眼水金盆穴決亦然。卽之與一合水之淺深。

脈水分下卽以貼穴分合以兩邊二合水定者從求議論不一但兩旁界水之淺深合束。

相去懸殊一合水之遠深與小明堂之淺深相去亦懸殊。一合水經六尺兩旁分下小明堂卽穴前一合水落墓故二者深淺不同。且穴旁痕影珠穴水。卽二三尺靈穴不應如是之淺或兩旁水。卽

溪溝成界深，然則藏蓄之深，郎二合水合
于圓唇之下稍偏差，穴亦不應如是。
之深。然則兩則以定，淺深與穴高低相等。
似可以此，則之邊淺，則有風吹蟻入之
患。鬆故蟲蟻入，陽受脈來
緩者氣浮，陽衆則氣浮宜淺，濕黑爛之虞。陰來
浮沉得宜全在深淺，怡中為，過深則氣沉宜深，為腐骨之藏，古云穴吉葬凶者，況小明堂上下任人指
亦氣乘乎浮沉深淺而言也。急者氣沉，氣浮宜淺，過淺過深則氣沉肖深
點憎甲損益隨意，可更其深淺，亦無足據，惟金銀爐底
之淺深與小明堂界水之淺深，一合水言。此界水指常自相符

宜以小明堂界水淺深尺寸爲準則多留眞土若

得鑿至爐底所掘小孔探之將到爐底而止眞土若

而不淨削而不硬乾而不枯潤而不濕明彩而不昏黯

即生氣土也爐底土比眞土稍淡稍昏稍乾稍濕稍粗

稍變不必過硬方爲爐底有等眞土厚者比小明堂更

深數尺若則土美深掘過了小明堂必有水濕之患掘

等爐底穴故必須以小明堂爲準多留眞土托棺爲是

深水入

山洋指迷原本卷四

周景一先生著

山陰姚雨方校閱

姑穌俞歸璞

山陰吳卿聸　恭註

姑穌俞浹陶

山陰吳翼年同校

山陰吳太占

平洋論

山龍以開面佔地步者爲勝平洋亦然蓋平洋開口即

如山龍闊面山龍不闊面為無氣平洋不開口亦為無

氣○其理一也○水分氣行水合氣止○山龍不開向則水了

山龍有星體形勢帳峽纏護者為佔地步○平洋亦有星

體形勢帳峽纏護其佔地步亦一也○但平洋踪跡與山

龍形體略有異同○今亦以縱橫收放行止分合向背歟

割仰覆枝榦大小分晰○龍體穴形要之不外乎因水

氣○古云平洋得水為先○誠要語也

因水驗氣

氣者水之母也水者氣之子也有氣斯有水水斯有氣氣無形而難見水有跡而可求水來則氣來水合則氣止水抱則氣全水滙則氣蓄水有聚散而氣之聚散因之水有淺深而氣之厚薄因之故因水可以驗氣也

若池湖蕩胸無收則氣不能聚江湖潑面無案則勢不可當穴小水方可取裁大水當面直冲爲潑面宜有近案遮攔不致直見注其易盈易涸急去急來候淺候深象爲妙詳後枝幹篇

入懷之水太寬爲蕩胸必須退後收小或近收貼

或環或直者亦有盛衰之應惟大水之內又有小水重

重包裹方見氣之藏而聚大界之內更有微茫隱隱分

合〇影貼水痕方見氣之動而止故眷川夫而顧戀〇深聚廻曲環

環有繞抱情交兩水鑽鬪攔織如之谷結衆水瀦諸水皆氣之所在也〇

穿破穿胸割脅割脚牽牛夭心血出射形小水直來反反弓如直抱去來

情無斜而夫冲大水皆氣之所離也如反者使之環抱直

者使之曲折散者可以聚之去者可以蔽之挽回造化〇務宜挽

亦在人功但本身血脈有情顧復者環繞也〇貼穴小水務宜挽

親翰龍大水無意留戀者不可扳援若山谷之平洋山

多水少離見大水無害總要自家界合為先茆〇貼穴界合無論

山洋必不可少

縱橫

兩水夾送龍身直行者為縱兩邊枝水挿入者為橫大

龍奔行數百十里或數十里或一二里兩邊诶水挿入

如八字樣者為帳枝水分流或數百十里或千餘里者

為大帳一二里者為小帳兩邊枝水長短不齊濶狹不

一帳之邊多邊少龍之中出偏出均于此辯之帳大而

多者龍大帳小而少者龍小亦有借縱為橫借橫為縱

者總以枝葉茂地步廣者力大但平洋縱橫不如山龍

易見枝龍縱橫又不如榦龍易見蓋榦龍有大江大河

為憑而枝龍惟小河小浜或低田低地忽縱忽橫難以

體認非遠着足力細細推求不可葬其龍身來去脊脈只

以兩邊小河小浜插入或低田低地中有一段高起處

証之河界田而田之濶大處是橫浜界田而田之狹長

處是縱小浜橫生處是橫直生處是縱未分小浜之前

是橫已分小浜之後是縱小河倏而直流倏而橫流小

浜忽而直生忽而橫生低田低地亦如是者都是借縱

為橫借橫為縱也總之縱者中尊自主橫者側體顧人

縱如萊臺花心橫如萊葉花瓣萊葉花瓣為護其心枝

纏護因衛其主橫者是開為合之機合者是收成縱之局故有縱不可無橫有橫不可無縱有縱無橫者即無蔭護有橫無縱者何以成龍然亦有等龍身在大江大河之中或隔十餘里或隔一二里有坪田浮于水面如鷗鷺之浴波或如珪如璧大小長短相間斷續而來近以小而直長者為縱大而橫闊者為橫察其到頭定有其止故龍穴皆縱中之事砂水皆橫中之事龍脈雖多曲折總居中而覓穴砂水即有縱橫互借借屢見疊出者更徵直長者穴取旁分佈地步之大結作之多小龍如此大龍亦然

收攷。

收者束細咽喉也。龍身行度處以之定峽。到頭至頂
之觀入首。即所謂束氣也。平洋無脊脈可憑。全在於此
察其眞假。証其來源。放者放開枝脚也。帳蓋之大小。星
護之短長。均于此定之。大龍有大收大放。蓋帳關峽是
也。小龍只小收小放。个字蜂腰是也。收放愈多則愈有
勢。愈大則愈張揚。蓋收者如火筒風箱。小其竅而氣方
從。放者如瓜藤果木。茂其枝而本自大也。然非兩邊枝
水揷入。不見其收。非兩邊枝水分開。不見其放。枝水自

六

幹水生入分開言兩水自龍身若一邊枝水挿入一邊

分開如入字二者其義一也

無枝水分開即是邊有邊無或一邊枝水挿入一邊隔

了數段方有枝水分開如不對節之草者即爲參差不

此指直龍而言如橫非眞收眞放也收放眞者大略

奔龍旋轉者不以此論

與山龍過峽絀同但山龍之起伏高顯然可見平洋之

見其放放處而見其収也至龍身行度處高山以特起

起伏低殊難識認總以兩邊枝水挿入爲遷囚収處而

爲少祖平岡以特斷爲少祖平洋以特取爲少祖故突

後之収放此後龍更爲緊要但後龍開帳過峽有兩邊

枝水插入者或一邊枝水插入一邊佢有低田為界者。

亦以帳峽論不過力量稍輕若在穴後一節兩邊枝水

插入固為束氣亦有一邊有枝水一邊但有低田低地

為界或兩邊俱是低田低地中間高起一段亦為束氣

之氣火坂于田兩邊無枝水插入又無高低束氣之分形

之氣宜飛邊吊列而并蓋近穴離無束氣其後必有分

水之峽也然飛邊須遇上展開穴局形的頭角上動而潊

有情即四圍有水甚遠不拘方圓大坂中間插進潊水

而灣抱者亦有結作若邊兩但無穴情中間又無潊水

插入但得微微起伏有唇口堂砂始如隱而山龍精神

藏而不露不可以其取放之極大者兩邊護砂有金箱

無明水而兼之其取放之極大者兩邊護砂。有金箱

玉印日月旗鼓琴鏈劍笏倉庫諸形或拱龍峽或護穴

揚文具應文武器應武堆錢谷庫主富琴龜鳳鶴主仙

形吉者許形兩者鹵吉形穴中見之吉不見偷奇泰抓

之龍其形多連于本身或見于低用低地或見于高田

高地平灘之龍每于隔河隔浜見之或見于水面或見

于平日平地總以向我有情者吉無情反背者凶

附無束氣飛邊之圖

來

來

外水界

來

去

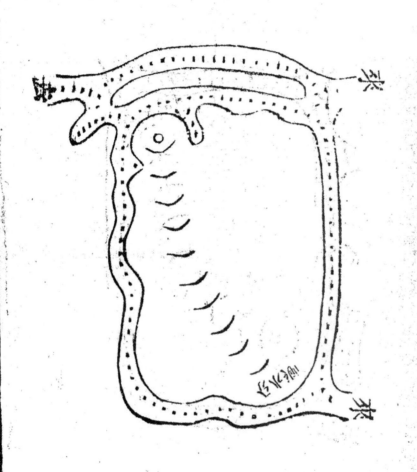

附無來氣穴角之圖

附水氣清揹之圖

行止

平洋少騎龍斬關之穴者何。蓋平洋以水行見龍行以
水止証龍止不若山龍有形局可借者此。故曰到頭水
聚方能止此水若無收氣遠奔然此亦就大合之內有小
合者言若直臨大水交襟之處水處地形必漸小纏
護必短縮鉗局必不開以為盡龍而取之必致衰敗楊
公曰尋到山窮水盡時地作芽叢容易棄故須倒尋轉
去看有一股下砂小水纏繞處只收一邊之水或橫開。
錯局或倒掛金鉤方是真止平洋龍之橫結多而直結

少者亦形勢使然也。曰三水夾出莫當前宜向左邊或右邊而仙倒杖宜橫作。下手難空也。進曰又曰二水來出莫當中中心水去十分凶翻身作向朝來脈發綿綿爲坐空穴宜橫作（詩前一首申明上交橫開鉗局之義之意穴故大水未合而小水合得下關水來纏繞者定）有真止大水合而內無小水纏繞者不得爲止也若逆水之龍其來處原是兩水夾送順行忽而翻身逆朝來（水界龍之水亦流東界穴之水亦流東爲順局若界龍水水流東而界穴水流西爲逆局如龍身順行有漕塘入）爲後托與雖逆轉處最多不過數節而其內邊小界水遞結同與逆轉之龍勢相迎方有眞止。如外遊龍勢左旋內邊枝縫水右旋方見內界之合龍右。如內邊小界水仍隨龍順行必是砂體經云旋者例推。順水直冲而逆迴結穴方知體段之眞逆水面冲而合襟在後。斷是虛花之地此之謂也。平洋坐空朝滿須得有明堂後有束氣自有鉗口下砂以証穴即低用低地為明堂須前內界小水環繞若合襟穴後內無界穴之水何以成穴。郎如裹頭水為兩者水因內無界穴小水環繞為小小環繞之故外界水者郷枝縫中水故又名枝縫水

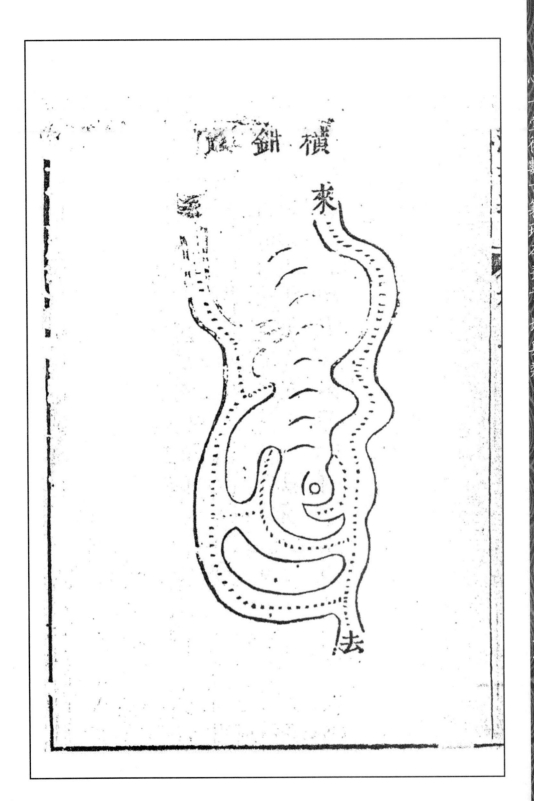

橫鉗龘

來

去

附掛倒
鈎金
圖

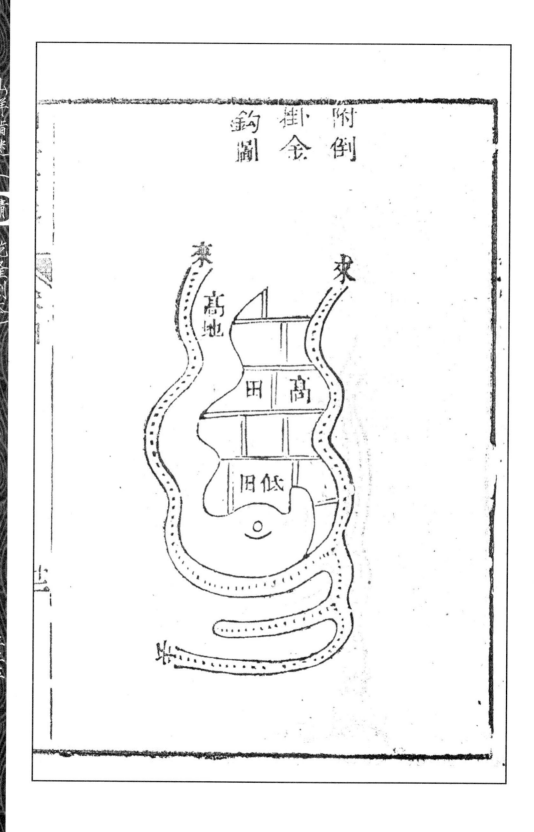

附順龍後托逆結圖

來　　來

去

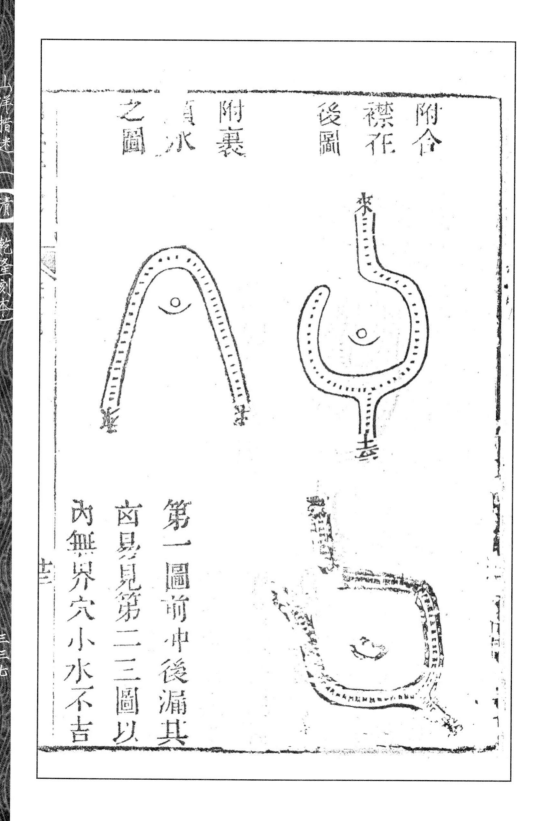

附合

附

之圖　裹水　附後圖　襟作　後圖

來

去

第一圖前中後漏其

囟易見第二三圖以

內無界穴小水不吉

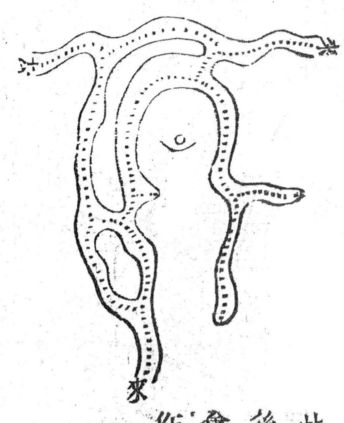

關貼穴水會圖

此穴左右有砂
後有束氣兩水
會合穴前故不
作裹頭論

分合

平洋分合之大小眞假。何以証之曰不拘江河溪瀆與

龍之枝脚纏護俱夾收在內者是大分合處此分指分龍

之枝脚纏護俱夾收在內者是大分合處合指大合龍

水卽界龍之水歧脚纏護之內。或低田低地或小溝小

處卽界龍之水歧脚纏護之水入首之處分開枝水使咽喉

浜兩邊夾來先分後合以界脈入穴者是小分合此分行

護處合指纏卽界脈之水。此分

龍處合指纏卽界脈之水。

束細而脈清氣健。此穴後到穴之處逶繞下關使堂局

察取兩脈止氣聚水此穴前是眞分合卽成龍成穴之水。

有眞分合可証龍成穴之水。

眞故曰成龍成穴之水俱有大分合無小分合是跟龍有

小分合無眞分合是假穴故眞分合更不可少水之分
合証龍平田少舒兩翼層層盪來俱有向前之勢者亦以上言
穴也是分圓辱中間彈出兩府取上如月魄之倒覆轉者亦
是合使無層層撲來之勢何以見眞臨之分而行若無
倒收之圓辱何以証其氣之止而水之合皆人為桃花
滾浪非眞穴又謂眞氣之止不待臨流而氣已先收皆
指此也合証龍穴也以上砂之分蓋平田有行龍之處有
無合圓辱有倒收之形郎有合而氣止浪作層定穴之
餘氣可驗生氣之有無有生氣者則人方有合也以

氣則無唇然有圓唇之合又不可無本身兩砂兜抱其
唇否則內界何能合內堂何能聚必有大界水扣肋則
脚之害故乘養氣者要鉗口兜其唇有鉗口即是兩砂
水分看水繞者須內界繞其唇是微砂環抱有內黑分合
合合水承鉗口兜水外必有砂也即以砂內
必有水承鉗口兜水外必有砂也承內界繞故砂水之
合圓唇之合缺一不可

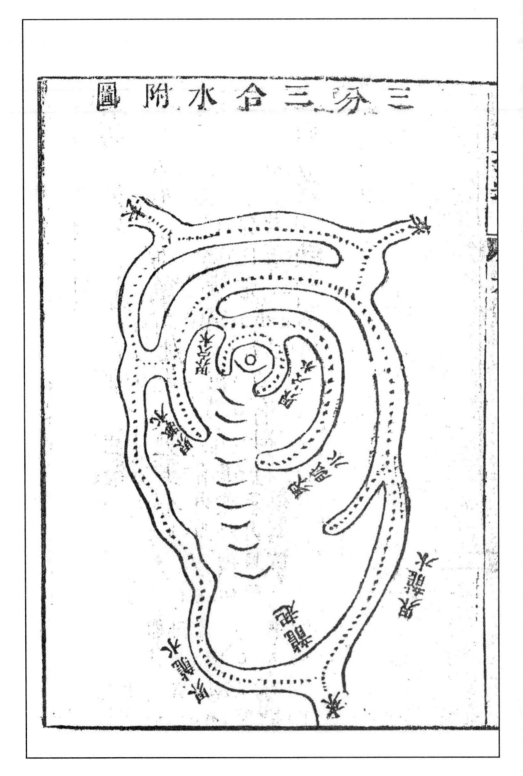

三分三合水附圖

右圖界龍水兩邊如八字分開是第一分。外明堂是
第三合即大分合也界脈水八字分開是第二分中
明堂是第二合即小分合也貼穴小水亦如八字是
第三分內明堂是第一合即真分合之水賴公曰大
地有三分三合水中地二分二合小地惟貼穴一重
分合水而已。小水言。指界穴
按平洋順龍結而有脊脈者宜坐高乘氣而扦當
以前圖為式。若順龍橫結逆結穴後與左右宜低所
以見本身之高且低則有水以証水外有砂環抱其

堂低聚堂外砂高爲吉若前無明堂不成穴矣。

取短漕沖照者亦是此意至穴前雖宜向高但須明

向背

脊脈之龍，看砂之向背爲主，而水之向背自在其中。蕩之龍，看水之向背爲主，而砂之向背自在其中。然砂之向背，又在開口之有無真假見之。水之向背，又在大水內小水外有無繞抱之砂見之。穴全在配砂配得砂。平洋正宗云：平洋點來便用蓋，不洋有以低阳低地作堂作界者，堂界之外必有高起之砂，可藏其向背。如四面之砂背外背內面而相向者是真口，而氣聚。砂長而外背內面抱唇逆上，方得明堂氣聚。如下砂逆轉作案，上砂只要上面來向穴不使器短無妨，止砂順轉作案，得下砂逆上攔住上面砂不使

順竅為吉。兩砂均勻者穴居于中。邊長邊短收先到之

砂與山龍饒減挨棄之法同然。逆局不以順砂為娷。故以平

順逆自來定來看。以水作地看。以界水細認。惟水可憑以

大洋界水無遁形。蓋水所以界龍。認龍之法畢竟似是而非古人以

若但以水為龍。不明認龍之法。畢竟似是而非。古人以水為龍認龍之法畢竟似

眼倒認龍起。設有一面反背者是假穴而氣亦散之

看者即此意也。設有一面反背者是假穴而氣亦散之此承看砂水背

反無口則更無砂可辯其向背而氣亦散之此承看言大

也。反無口則更無砂可辯其向背而氣亦散之此承看言大

水為有小水界開方有小水交合可辯其水之向背如

下手邊之小水右轉求向上手邊之來水右轉求向是

水繞而氣聚是砂抱若下手邊之小水當逆向右邊者。

而反順行而向去左上手邊之來水當趨向左邊與下手左

轉砂水相逆者。而反超。不是水不向不繞而氣散大水

之內無小水界開而枝合則更無水可別其向背而氣

亦散矣。此承看水故內無開口之砂小水環繞相向者
之向背言

此外雖有砂水相向總無益此。小水環繞之病盡小水
此出明外有大水而無

兩邊環抱方為開口之証據其一邊小水彎環一邊得
低田低地為界亦是開口若止有一邊小水而直硬者

外有砂水假

粗前水假

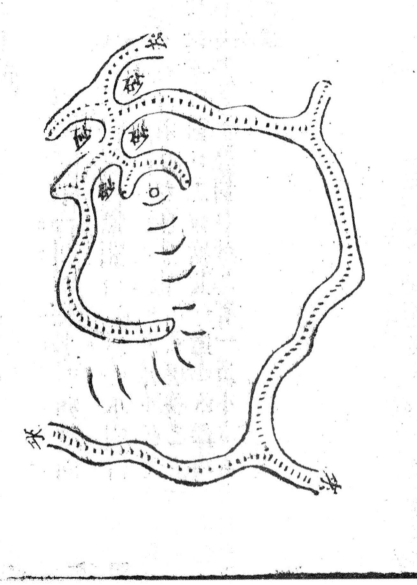

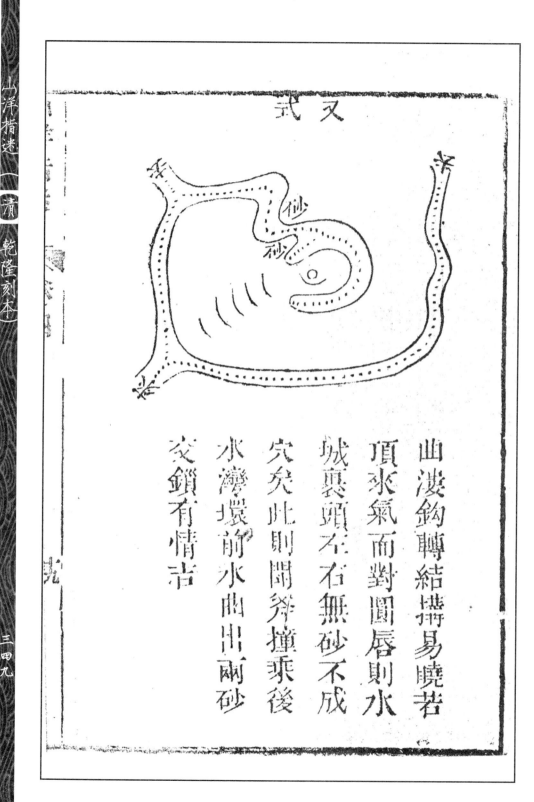

曲淎鈎轉結撰易曉若

頂水氣面對圓唇則水

城裏頭左右無砂不成

穴灸此則開穽撞乘後

水灣環前水曲出兩砂

交鎖有情吉

歛割

或曰、山龍忌歛割平洋亦忌否曰、大界水之內無小水界開與無鈚口之分卽是歛也到頭之處無砂水眞分卽歛則必圓唇之前無砂水眞合卽是割也蓋無分卽歛割歛于入穴之處水卽沖身歛于兩臂之間水卽割臂歛于穴前水卽割腳故大口之內有小口分合大水之內有小水分合者方無沖割之患大水分合是大口小水分合錦局分合是小口故大水之內須尋小水大口之內須尋小口諸書認穴之法包括平洋之內須尋小口諸書認穴之法

三五一

仰覆

或曰、山龍忌覆喜仰。平地亦然。否曰仰屬陽覆屬陰。山龍是陰軆當于覆中取仰故突處以平為貴平洋是陽軆宜于仰中取覆故平中以突為奇然在陰砂開口之中隱隱如沒牛吹氣盖肉浮酥泥中漂蕩者方不患覆。即微突扦如突大而顯者必須開微薄之面吐平仰之頂之意此指與山龍喜仰忌覆同若不在陰砂開口之中而言。陰砂開口之中又當自開錯局出唇吐氣方可水鄉之府縣基水漲時窩字階陛俱沒而正堂水不沒者則至

高之處為正穴低窪之所必無氣脈故平洋圓胖肥仰

而高于衆處者為氣之所聚城市村落皆然此卽平中

取突也開口之陽基穴在掌心低處兩邊有高砂作護

此卽陰砂開口取微薄之面平仰之唇也

枝幹大小

辯平洋龍枝幹在分水處。○此指分龍與合水之處。○此指合水

兩邊水源俱長大者是幹短小者是枝一邊長大

一邊短小者亦是枝水源長大而大合水在數十里或

十餘里者是幹水源短小而大合水在數里或一二里

者是枝欲知水源短長則以兩邊大界水廣狹定之廣

潤者水源長狹小者水源短長而不廣潤雖幹龍而力

薄短而廣潤雖枝龍而力厚至小枝龍或一邊溪水一

邊田源水夾送或兩邊俱是小水夾送會合穴前左右。

此辯枝榦法也天榦大枝窮盡處必不結地惟脫出至

小之枝每在盡處融結之大榦大枝盡處郎大合水交潔

取小水以大榦大枝餘枝龍不納榦水餘龍亦以不見

氣作護者仍有融結者脫出小枝近

大水為佳地若榦龍至將盡處枝龍傍大水邊在腹內

大水小水收納界水而不見大水者力大如局面開潤

纏繞之為小界水脈來路遠內水郎水穴纏繞

而向大水者必須小界水即界

有情明堂容聚餘氣鋪張前砂欄水穴間只見一線灣

環或如鏡圓那照為妙如面前指見汪洋定不成地故

地在腹中者十有八九在大水邊者十之一二在大水

邊而見大水者百中一二惟龍長力大之陽基局勢相

當方可直臨大水蓋陽基宜銷盡之意即開䦥不同陰地宜

收聚也然亦須小界分開小界分開即束氣明白方眞

後有束氣前有眞結有等枝龍之水小者是因低窪而聚爲湖池

其間亦有取裁但不可太近亦不可別無小水纏護恐

有蕩胸㵼面割脚空亡之處設無小界水分開被大界

水貼身爲割肋直行此言穴後無分明堂聚氣被

横水扣唇爲割脚者水貼唇前此言穴前無合斷不成

地池湖曠蕩無近案攔砂宍小水大亦爲空亡者辯本

洋之大小去山未遠有脊脈可尋者宜溯其來歷亦以

兩邊大界水長短濶狹定之去山甚遠之平薄龍衆水

交流無脊脈可見者只以交會水多寡大小出口處圍

鑱疎密定之總以帳峽纏護多佔地步廣者地大单砂

单水纏護少者地小至于偏全聚散山龍平地粗同不

必復論。

或曰、龍有遇水而止。有渡水而過。又有所謂水刦者何

以舜之曰、龍未到橫水。如龍脈自西過東大河而界水、自南流北故曰橫水。

合于田中。卽因水合而止。龍巳到橫水而橫水水底無

石骨硬土。彼岸無分水脊脈。則過橫水而止。如龍巳到

橫水邊。或將到橫水邊。而田間兩邊界水分落河中水。

底有石骨硬土。中淺旁深。彼岸有分水脊脈。則渡橫水

而過。故曰、龍過千江不過一堂二堂者。小界水合于田

中也。若河中雖有石骨硬土。彼岸雖有分水脊脈。而彼

岸田水亦不隨龍勢前行反倒流入過龍河中此兩岸龍

腳相連非渡水也如龍脈從西岸穿過橫河渡到東岸

河則兩岸俱是龍東岸田水宜隨龍東行若反流入橫

脚非渡水之龍尋龍但龍只渡橫流不渡直流如大水自

自岸者兩岸小水俱宜活看若兩岸小水亦自西向東水底即

西向東南流兩岸小水俱自南向北或俱自北向南者

龍能渡水大水自西向東龍脈從南岸渡過北岸者兩岸渡過南

有石骨硬土亦是兩邊龍脚非渡水也龍能渡大江大

河不能渡山谷之小溪小澗即溪澗石骨連片或如一

塊生成亦是兩邊龍脚相連並非渡水故云云洋有牽

江之脈。山谷無過渡之龍跌斷過脈處不可倒論此節當與前卷論崩洪峽一節叅看或曰有生成橫水以界龍脈有開掘河道以斷龍脈之河也遊龍之水直流而橫河之流可左可右者開成之河也生成者能界龍脈開成者不能界龍脈也生成之河猶能過者渡水之龍也開成之河而龍亦能過者傷其面而不傷其體也然則開河斷脈亦有害乎曰脈之闊大處無妨狹小處有害離穴數里外者害小在數裏內者害大未扦而斷害藏已穴而斷害速所謂水刦

者。應有脊脈處去山永遠平洋跌斷而無脊脈左水可

過右右水可過左也江河流通與開掘河溝而水過者。過脈處宜有脊脈

均不為剝大水淹沒龍脊而流通者亦不為剝。惟跌斷

處無微高脊脈而水可左可右者方謂之剝。故跌斷處。

微微脊脈斷不可少平洋亦有不湖玉池天池諸峽前詳

卷山龍。四時澄清不涸者前途定有吉穴。

論峽篇

龍渡水附圖

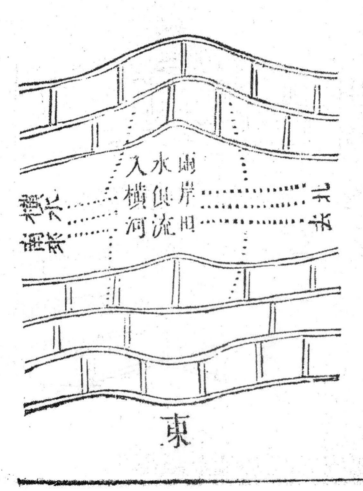

龍腳相連附圖

西

水兩
入俱岸
橫流田
河

東

兩邊龍脚附圖

南

北

西

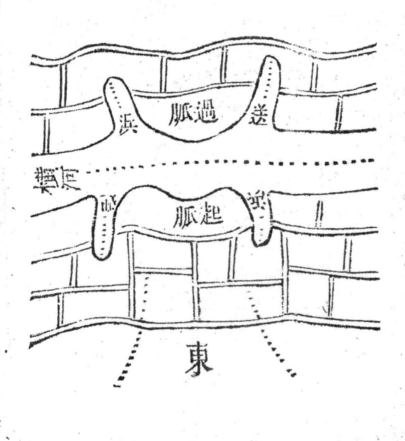

東

亦有迎龍送龍浜之說。大略與山龍過峽迎送砂相

同。如龍脈自西岸渡過東岸。西岸兩浜水流入橫河。

東岸兩浜雖亦流入河中。但其內邊田水隨龍東去。

此係渡水之峽。非龍脚相連。

龍體穴形

平洋亦有星辰龍格體勢穴形星辰者平洋之五星九

星所謂波浪水滾浪金牛月金倒地木曲尺木浮牌水

棋盤土柿蒂土鋪氈土磚角土暗火開紅落地金錢是

也龍格者三台五腦九腦丁字王字玉尺蘆鞭金蛇過

水曲水之幺單獨芍藥蒹葭楊梆等格是也體勢者龍

蛇魚鰲晒錦鋪菌或如蛛絲之經行底籮之延繞鷗鳧

之浮沉藕絲之牽帶田塍層叠如波浪之湧來宗云廣

坂之中四畔水繞凹看出胜動氣有三法一曰棋求形

如初月兩角向下層叠橫來見盧勝之所結六二曰收

來亦如初月兩角向上勢如疊浪至方坂動而將靜處
結穴三日魚鱗戲如冰裂紋狀中有高低至開口處結
或結于方培壞紛紜穴宜閉鎖口或旁砂環抱為吉取
正之所宜闊狹坐實向虛窵山法同
用之法坐實向如風雨之遍至此皆氣行地中故能湧
起而成形成勢也其自平洋湧起於低田面之高田高
拖必原氣脈如江浙水鄉之平洋湧起于水面上之平
田平地得尺許高田高地即氣脈也然氣無任細小處
見之若一片散漫雖有高田高地無益故入首貴束
氣脈下論入首有高平二體其與求脈相等者為
平得內界分明貼身砂頭雖不湧起而本身是特高之

阜亦為真結○此陽來陰受之體雖貼身無顯明之○不然

雖大水勢而無特起星辰○又無貼身界合○玉尺經云一

片○只照窩鉗窟突取証○入首此來脈處高數尺數寸為高亦

須盂盞界合分明○陰砂包裹○此陰來陽受之體有陰不

然窺遮○二月神卽星散之撥卓寘心賦曰滾浪桃花

贈思○每多是無蒂無根未必有形有氣此之謂也蓋

地形有為低砂水有偏勝呑脈高起之處砂顯而水隱

故輪砂之開口在微茫之界合○高起一段吉言此來脈呑脈隱

伏之處來朝而砂隱故水之纏繞于平薄而開口之形

自在其中矣

為主以水為客砂勝水開口之形多如蜈蚣蝦蟹諸形

不下數十水勝者開口之形少如出水蓮花泊岸浮簰

逆水砂洲云者可以盡之然開口之象有四焉如旁分

兩股為砂中含低田低地為堂者是太陽作蜈蚣蝦蟹

金盆釣鈎玉帶虹腰新月含角等形皆太陽之象也開陰

裏陽為旁分兩砂中出一脈兩邊界水之外有鉗口者

太陽中有出脈兩邊小水界脈而下鉗砂在作落花

是太陰外界水在內故曰界水之外有鉗口

浮水烏鴉伏地丹鳳啣書黃蛇出洞仙蝦翹首龜鱉

背結綱、蜘蛛、匣中寶劍等形，皆太陰之象也〔陽開裹陰為太陰。鉗口內龍脈微高而牽連者皆是〕。太陽開口濶大，起微笑于中心者，是少陰〔作煞入浮酥〕。金盆獻果、匣內藏桃、釜中煮蛋、龜蟹浮沉、仙蝦窺珠等形，皆少陰之象也〔太陽開口濶大中間起突者為少陰。即一堆平較四面微高者亦是〕。太陰形體豐厚，開微窩于當中者，是少陽〔微窩薄。太陰開口為少陽〕。作雞心口、仰掌雞窩，皆少陽之象也。凡突大而顯者，開敲薄之面，吐平卸之唇俱是。推而廣之，出水蓮花泊岸浮輝是太陰之體，逆水砂洲是少陰之體。古人論形，因其似穴之口而取之。今人論形，志其取形之意則失之。

定矣。以下因開口而論唇口。而開口者無形亦真

論堂砂穴形真爲皆于此辟

開口者有形亦假。總以砂之纏繞以水

之纏繞作砂之鉗局。有鉗局之砂。即均爲有口理歸于

一也。有口。即須論唇。陽口無唇。是空口。無唇則無堂。

不成界水不令。小水不能會合。有砂然後成堂。抱其辰則明堂

是死而纏然。有辱。遂須論砂。無兩砂塊抱之內砂環

即是。有堂然後成口。有口不可無辱。故辱口堂砂不論

何形皆不可少。但直開之口易曉。橫開倒開側開之口

難明。有出脈而開陰口者易曉。無出脈而開陽口者難

明。當何以辯之。陽以下論脈直來而直結。如蜈蚣蟹鉗之

口者為直口。脈直來。而橫結以來去之身兩邊相掬為

龍虎如虹腰牛軛之橫灣。如玉帶辰簾之顆節者為橫

口。脈直來。而側結亦以來去之身兩邊相掬為龍虎如

新月梢之微窩處如側掌之食指節處者為側口脈直

來而倒結以鈎轉之勢為龍虎如鈎鈎金鈎鈎刀之口

者為倒口山之勾轉者非後有真肯不可平地之勾轉

者只要後有微頂前有薄脣明堂背後拋出無妨山龍

倒開側開之口後無鬼樂必須真肯龇出平洋穴後拋出者亦作鬼論但面來轉向者佳故點穴之

穴法

以下論不論何口只要看其唇之圓處堂之聚處為

主陽口左旋者氣必略偏右右旋者氣必略偏左陰口

亦然此之口以下分論四象藝法

承胎而步乳突胎即毬鉗篇註詳

少陽之口唇吐口外穴氣內含

太陽之口唇吐口外穴在窩下

太陰之口吐氣為主薄處堪

少陽唇氣外吐故宜扦窩

太陽唇氣短縮故宜承胎扦窩

親坂薄多少陰之口一突為奇微頂可盖盖平中微浮可作大宜

扦頂前若平地之窟唇口外者不論口之大小居中

微醫處此即少陽之口宜扦窩之金盆無口亦然陰之即少

氣聚中者以唇吐而胍隱也紫襲書云金盆形之體

宜朴突之中者以氣聚而胍旺也四時瀗清不溷者吉尚

在在有之四圍高而水無出處

開鑿失踪。不可以四象定者後以束氣為証前以明堂聚處為凭而消息之庶乎其不差矣

附四象圖弁說

太陽
穴法

太陰
穴法

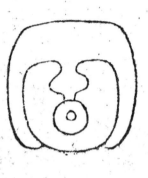

少陰
穴法

少陽
穴法

右圖山洋略同可以叅看蓋山龍平地雖屬兩途而

陰陽相濟歸于一致如太陽之象陽之極也陽多取

陰扦頂前微屬處與山龍橫開鉗口無出脈垂下橫

担貼脊而扦者相同太陰之象陰之極也陰多取陽

宜親薄口與山龍兩邊龍虎掬抱中垂乳突之形在

簷下平處扦葬者亦相同太陽變少陰是陽動而生

陰卽山龍無顯脈之深大窩鉗宜認陽脈而扦于水

平臍結之處太陰變少陽乃陰動而生陽卽山龍乳

突開口唇氣外鋪宜扦窩下之穴法口有四象形變

附拱來圖

多般一隅三反總不外乎陽來陰受陰來陽受陽多
求陰陰多求陽之理平洋如此山龍亦然

附收來圖

低田

低

低

低

低

低

敧阜

附魚鱗賦之圖

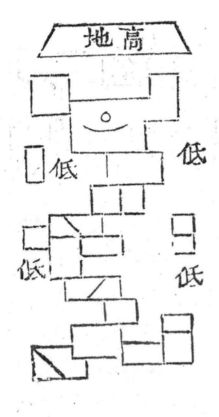

脊脈水繞

平洋方域不同。形體亦異。不先辯明法無所施。今約爲二。即乘脊脈看以概其餘陝汴齊魯之平洋。得西北地二。水繞二法。

土高厚之氣。與各方去山未遠之平洋。得山脈未盡變之氣。故以低用爲壇塚而龍脈行于其上。如瓜蔓之莖。延以高田高地爲龍爲砂低田低地爲堂爲界穴後兩邊低用低地。如入字頭之插入據爲束氣亦有以水遶爲內界束氣者。近穴界脈之必有界龍之水在遶護砂水之外後故在遶護砂水之外此平洋尚帶岡阜之砂水之外故日內界界龍水在界入脈水之

体廖公所謂平洋乘春氣是也。此節論去山未遠平江
洋以春脈証行龍。

新水鄉平洋東南地勢卑薄去山甚遠體盡無者故

以水為壇垤而龍脈行于其上。如簟浮水面其平田平

地即為龍為砂。小河小浜為纏為界穴後兩證小浜如

八字頭之插入為束氣。亦有以低田為內界束氣者界

龍之水在纏護砂水之外。此平洋春脈隱伏難尋楊公

所謂平洋看水繞是也。此節論去山已遠平應有春脈
以水繞証龍脈。

處宜棄春脈而言。而無尺寸之春脈必無鉗口明堂雖
此指去山未遠而言。

有砂水亦為所惑不能起春脈處此指去山已遠而言。能
水繞平薄而言一而能

心一堂術數古籍珍本叢刊　堪輿類

有尺寸之脊脈即高一寸為山再得水纏更為有據乘

春氣者非不必以水繞証鉗局而可憑不竭水繞因體

以見用也春脈為体看水繞者非不必求脊脈于平洋

而可憑不惟春脈因用以推体也此師論乘脊脈者以

者因水竅証春脈謂之乘者乘于陰開襄陽開襄陰

以下二節特穴

之曰穴中也陰開襄陽者後以脊脈盡處為頂必然微脆

見頂旁分兩股為砂前吐薄口為唇中含低田低地為

故能堂穴水不分兩邊但圍聚于口内為雌雄内結如蜈蚣

之鉗即所謂又口不鍬口也陽開襄陰者旁分兩砂中

出一段以脊脈微高爲頂以薄唇吐出爲面兩旁有微

分水痕水外有微高鉗局界水在內其水自穴旁分開

而合于唇下爲雌雄外結詳乳突窩鉗篇

心即所謂三叉口合角口也然亦有太少之象焉四前篇

論穴開口之象詳雌雄內結外結註如蓮花之

兼論窩穴此惟陰開裹陽是太陽其開口濶大中起微

突者是少陰陽開裹陰是太陰其脈體豐厚中開微窩

者是少陽穴註詳龍體如此穴情方爲的確明堂方真有

口方有不然雖有脊脈何爲此節論乘脊脈者少鉗山

明堂口亦謂之繞者大水之內要小水廻環下砂之外

無鉗口亦謂之繞若但有脊脈而

非眞結

要活水環繞也蓋大水眾所共依小水穴所獨受小浜
界開龍砂之水活水界止龍弧之水故大水內有小水
纏繞氣方聚而穴方真下砂外有活水陽朝龍方止而
局方縈然亦有雌雄之媾焉之合水至旋龍其性情必趨
向右須召旋水性情趨向右者酏之與本身下關砂水
相遊其纏下砂外曾大合水而去石旋龍其性情
必趨向左須左旋水性情趨向右者酏之與本身下關
砂水相遊共纏下砂外曾大合水而去如是相媾方謂
之纏不然水倒罷去亦右旋是也為不媾不繞雖有水

合○何○爲○此節論水繞者以龍水配合証穴若有等去山
伯有小水之合而龍水不交者終假
未遠河多濶漾渡水亦多脅派在尺寸之間其內界多
是小浜者得兩小浜左右環抱界成龍虎浜頭插入據
爲束氣龍左旋者自然右浜纏過元武龍右旋者自然
左浜纏過元武方無流水冲頂之患武水會穴前非水
流去也外面又有活水朝繞如出水蓮花形者不必本
身有開口鋪局自有真結然脅脈微高斷不可少論近
山平洋有水邊有等去山甚遠多高田高地渡水亦有
者不可無脅脈
脊脈可見其內界多是低田低地者得低田低地爲束

氣為明堂。高田高地為攔砂。為鉗口者。不必本身有明水纏繞亦成美地。到頭一節。以低田低地為束氣。即有攔砂鉗口可証。小水會合。故不然。大水會合亦斷不可無。水指界水故須火水會合以証龍止。此節論山遠下消夫平洋。雖有存瓶而無明水纏繞者不可無大水會合。明水纏繞者不然。大水會合亦斷不可無水鄉獨不然。厥目大界內有小界界。不可不開口而水。關大水內有小水纏繞。則大水之內有砂可知其形如。出水運花者與陽開裏陰之曰。即太陰然別泊岸。浮辭與遊水沙洲二格。亦有纏繞之口。厥曰二者皆在。水纏繞亦成美地。界入穴之水。穴前有攔砂鉗口可証。四水交會之內。均至穴前在右會合。故曰四水交會。

泊岸浮簛大水遶下砂龍脈牽連不斷逆水砂洲大水
纏元武于求遶穴後仍龍脈遶水而來自有纏護圩田與
廻轉餘枝皆透入水中而星列于四面界脈之水必在
纏護圩田與廻轉餘枝之外界穴之水必在纏護圩田
與廻轉餘枝之內砂之背外界穴水在纏護砂之內面
並其中各自有條非無分別試于水漲時散粗糠于上
流其內外分合之形自見。此等穴形須遠著不然穴星
何以見其中竒目主而四面隔水圩田如魚如禽如井
田者又何以見其外背內面相向有情流水何能不冲

其身耶惟水繞可証此、砂繞則水不沖穴而見其

中聳自生也于此推之泊岸浮簰是太陰之體其隔水

纏護扦田如井田之形者與中出一脈旁分兩砂之鉗

局、何殊逆水砂洲是少陰之體、其四面纏護扦田如禽

魚之形者與太陽開口潤大中起微突之鉗局何殊但

太陰少陰之口砂勝者牽連地而顯露于堂界之內此

三者則在四水交會處內外看之証其鉗局為少異耳

顧目平洋不開口神仙難下手于地水鄉其理一也此節

益未深開山中明水乘脊脈者即枕毬簷之意亦即陽

朓師有鉗局之意

來陰受陰來陽受之意得有眞正穴情方的以開口為

主脊脈為客也看水繞者即先看下臂之意亦即論龍

虎之意故曰無龍要水纏左畔無虎要水繞右邊山之

龍虎乃取開口之形乎洋水繞証鉗局亦取開口之形

以開口為主水繞為客也故不論高山平地總以開口

為貴但其口有高低隱顯大小陰陽之不同此篇大旨

不可無水繞看水繞者不可無脊脈而乘春脈不宜孤

陰純陽之獨求看水繞終須証水繞水之相接以見陰

陽相濟方成配偶更以鉗局証水繞水

繞証鉗局發明開口之義亦為剏解

出水蓮花之圖

泊岸浮䬹圖

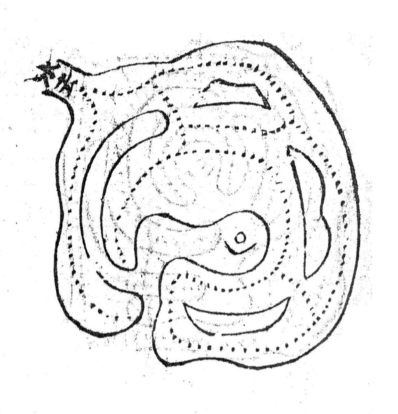

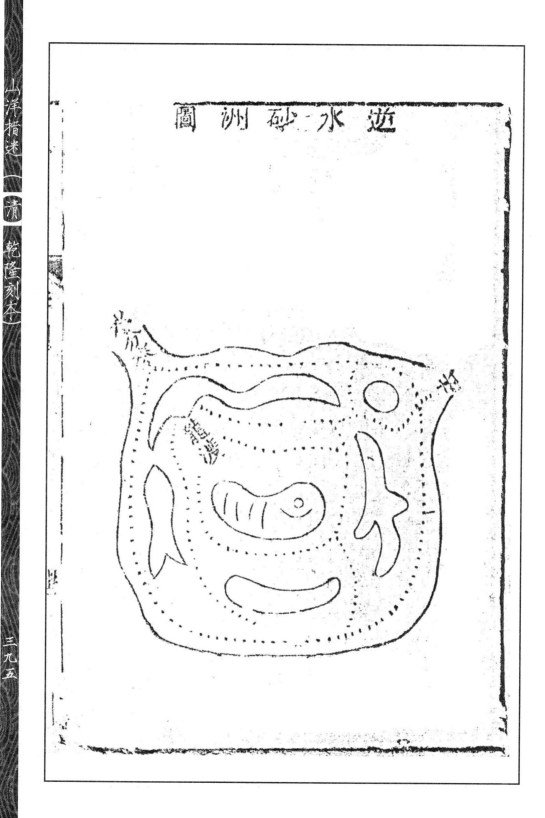

平田低田

或曰、去山已遠之平洋無脊脈之平田亦可用水繞之
法否曰江浙水鄉幷無脊脈但地勢甲薄穿渡復多脊
脈低伏而不見。故看水繞以証脊脈所以無論低田湖
鄉凡大勢皆低者內有微高之處即爲龍脊只要收放
向背分明鍼口脣堂可証不以有水浸沒而棄之楊公
曰、水退即同乾地力是也若去山未遠之平地平田原
有脊脈可尋其間若無脊脈必是無龍虛假之地縱有
水繞愼扞必敗。

水穴。

真龍入水。山近者石石骨。山遠者有土茶。或見于水面。如鷗鳧之浴波。或潛形水底。如魚鱉之隱藏。浮于洲者。易扦沉于水者難察。累絲穿龍真的。水中有石骨硬土自有結作。或水乾露其形體。水淺鋪曰隱見與乾地龍脈穴情相同。可捨蓉土成洲乃撒孟原處而止原土擱棺乾土之上。扡文雖然云扦明底穴名廖公水雖云在水中還要土來封然非水溫煖者真故古有水底穴之說如無錫肥蕩祖坟也弟非決眼不能辨此稍有差池貽悞非淺

火嘴

楊公曰高山落平地。若有火嘴看尖之盡處又開鉗。

為暗火開紅所謂火放灰中紅影生也。如尖嘴不開鉗

口為死火帶煞不可扞葬。此言不解者多子見倒地火

嘴陰砂繞抱時師理葬尖上坐下退田筆立時禍敗後

移至兩火尖又中竟致絕滅。又有慢會落不落看尖角

之語頭火尖而葬禍不旋踵殊不知臍火開紅者非火

尖上下可以立穴蓋火炎上則燭照光明星峰似此多

主文秀因其本體枝腳尖射無情故只堪作祖而無融

結平地火嘴亦只可作後龍須看火嘴之前隔數畝田
地有高田高地溺起平中一突更妙得土星側卧是唇兩邊
砂抱陰之口突大而微吐薄唇穴前可容側卧如小明
堂處即或尖盡處分開鉗口而成陽窩出唇吐氣少陽
之口大全云大山撒落平坡氣聚尖頭者有真正明堂
要尖處起突復開鉗口外有包砂方可
若方爲暗火開紅若汃明此慎毋下穴

沿海

沿海新漲沙地雖坍漲不常然民間居葬于此未嘗不發富貴人丁當作三項論之其一漲起之地如有行龍存勢分合情形者此因水底原有龍脈故漲起即有氣以錡成居葬其上自可發福其二砂環水繞俱在人功氣聚風藏亦由造作與攢基一般雖無龍脈愛錡成之氣亦能發福但不久長其三新漲海灘種植者開河洫水取土培基或從無情虛修欵雖無龍虎亦有界水雖無生氣自得水神之生氣有有永即亦可安其上而食其

毛崇明寧紹海濱有富貴者類多如此。

○清指述 卷四

山洋異同

高山之法。可逼子平地。既曉高山平洋不離。果盡同乎。

曰有同者有異者有大同小異者。蓋山洋俱有祖宗枝

幹帳峽繃護行龍俱有兩水夾送結穴俱有圓唇界合

龍虎明堂下砂水口。向背聚散。此則同也。高山見火嘴。

山龍跌斷而尖利者為死。平地見火嘴。

則氣絕而不行。龍為煞。故曰。氣絕不行

則龍行而穴近。平坦則穴近。不洋有脊脈者可証其來歷若

無情處雖有火尖。高山惡純陰包然。平洋惡純陽散漫

之體不以此論。此指無陰陽高山以砂勢分合尋龍得砂勢包收雖水

變化者言

不交會斬腰截氣亦可葬也。山龍行度處得砂勢包必

會亦可斬腰平洋以水勢分合尋龍非四水交會詳水交

截氣而折。自有界合故不必明水交

篇雖砂體無止結真情。四水不交則氣分砂何

如鳥之展翼魚之開翅此此平地與高山之異也北節山

送龍砂勢兜收風翼遊鱗以作穴。能聚雖兩邊遷遷分砂

之異行龍高山以起伏為勢而收放亦顯平地以收放為

勢而起伏甚微高山起伏虛設處多平洋收放虛設處

少。高山節節分枝結咽而不成穴者十之六七。平地或

數里或里許分枝結咽而成穴者十有六七。高山起伏

結咽亦多結地少者砂勢環聚處少也平洋收放少故分枝

分枝結咽亦少結穴多者洋有束氣自有真結也此

言山洋分枝咽結穴之不同。

高山陰多，故取陽坦爲穴，然傳變純陽，又當散中求聚而取突。平地陽多，故取平中一突，然傳變純陰，又當以陰求陽而葬窩。

此論陰陽形體。高山陰剛，剛濟之以柔，故曰壙葬其巔。傳變爲柔，又當濟之以剛，葬頂之法可用。

平地性柔，濟之以剛，故曰支葬其巔。傳變爲急，又當濟之以緩，葬麓之法可施。柔變通。

高山承脈就胎，而葬平地有养脈者，亦宜坐高承氣。平地穴居中則氣聚，此招平地之窩居吐口外及金盆。

高山穴形術者亦宜居中者藤蔓之中，此高乘氣。

高山以薄爲生變爲

純陽又以厚爲生。平地以厚爲生。變爲純陰。則山薄爲

生。此言洋穴法取統節論。高山忌風吹。平洋净無貼身分合。是即

不開。山洋穴法異同。亦忌風吹。平洋嫌水刧。高山跌斷處無痕影。

分水亦嫌水刧。高山喜廻龍逆結。下砂縈抱水纏元武。

者可取。平洋喜水纏元武而貼穴。無小水纏繞。見水之

去者則忌。而去其山龍逆結身。亦有界袖大水在下

氣界脈乾流。平洋逆結亦然。若大水即在穴旁纏元武束

而去者內無界。穴小逆結後。均宜空之法。至高山穴前水聚

低地與池決會合而去方合坐空之法。至高山穴前水聚

穴前左右會合而去方合坐空之法。高山穴前水聚天

心者貴。平洋向低水聚天心而有重砂包裹者亦貴

岳向低者穴前水不聚此得水聚天心更有重砂包裹

最吉此言山洋分合水及水繞山靜宜動凡山來忽大忽

高山以動為生平地以圓為活曲水來忽忽大忽

平來忽忽止唇峻活者氣之情水是見穴前山洋砂皆然至之平洋之處穴

氣圓者動之機活者氣之情水亦是見穴前山洋砂皆然至平洋之處穴

外之砂牚有圓牚之情水或拔水或倚于左右均宜現砂水眼活者言砂

或生水水或拔水或倚于左右均宜現砂水眼活者言砂

高山傍砂點穴平洋依水尋龍平洋依山尋龍此就五山穴未嘗不依上

高山尋龍未此高山平地同中有異異中有同也四

嘗不依水也此高山平地同中有異異中有同也四節

龍穴異同

跋

地理書首推楊曾廖賴但文辭深邃每求解人不得周

師撰指迷書四卷前賢秘青藉以發明洵爲楊曾廖賴

諸書闡註俞子歸璞叔氏卿膽以是書相傳年遠抄錄

外訛取舊藏原本增註刊行不寶元珠在握寶鏡重光

有識於寃心斯道者意貞厚吾郡鍾式林先生云地非

無行之人所能精亦非無行之人所能得予願讀是書

者潛心揣摩自可登楊曾廖賴之堂更以忠孝廉節存

心無負周師傳書意眼牛白鶴占人益碻有可誠焉

乾隆丁未臘月山陰吳太占跋

一